1001 maneiras de premiar seus colaboradores

BOB NELSON

1001 maneiras de premiar seus colaboradores

SEXTANTE

Título original: *1001 Ways to Reward Employees*

tradução
Antônio Moura

preparo de originais
Valéria Prest

revisão
Luis Américo Costa, Sérgio Bellinello Soares e Tereza da Rocha

projeto gráfico e diagramação
DTPhoenix Editorial

capa
Miriam Lerner

pré-impressão
ô de casa

impressão e acabamento
Associação Religiosa Imprensa da Fé.

CIP-BRASIL. CATALOGAÇÃO-NA-FONTE
SINDICATO NACIONAL DOS EDITORES DE LIVROS, RJ

N349m Nelson, Bob, 1956-
1001 maneiras de premiar seus colaboradores / Bob Nelson; tradução Antônio Evangelista de Moura Filho. – Rio de Janeiro: Sextante, 2007.

Tradução de: 1001 ways to reward employees
ISBN 978-85-7542-315-8

1. Administração de pessoal. 2. Recursos humanos. 3. Desempenho. I. Moura Filho, Antônio Evangelista de. II. Título.

CDD: 658.3
07-2184 CDU: 658.3

Rua Voluntários da Pátria, 45 – Gr. 1.404 – Botafogo
22270-000 – Rio de Janeiro – RJ
Tel.: (21) 2286-9944 – Fax: (21) 2286-9244
E-mail: atendimento@esextante.com.br
www.sextante.com.br

Sumário

Prefácio

Se existe uma coisa que aprendi nesta vida é que *todas* as pessoas querem ser reconhecidas. Isso se aplica indiferentemente a gerentes e colaboradores, a pais e filhos, a técnicos e jogadores. Essa necessidade está sempre presente na nossa vida. Não importa se damos a impressão de ser independentes e autosuficientes, a verdade é que precisamos nos sentir valorizados.

Talvez isso pareça sensato, mas descobri que a sensatez muitas vezes não é uma prática comum nas organizações. Em geral, estamos ocupados ou estressados demais para nos lembrar de que o reconhecimento pelo qual tanto ansiamos é também desejado por outras pessoas. Por isso, este livro é uma dádiva para todos os gestores bem-intencionados e colaboradores frustrados. Ele apresenta provas convincentes de que o reconhecimento, as premiações e os estímulos dão resultado e que podem funcionar no seu caso.

A partir de agora, será mais fácil elogiar, reconhecer e premiar os funcionários. Você poderá oferecer os prêmios e reconhecimentos que as pessoas tanto merecem. Por meio de uma série de exemplos de empresas dos Estados Unidos, do Canadá e de outros países, Bob Nelson destaca uma pesquisa que mostra o sucesso de princípios comprovados. Ele oferece um baú cheio de idéias, inspiração e recursos que lhe permitirão incorporar o reconhecimento, o elogio e a premiação ao seu repertório gerencial. Esta é uma fonte de consulta que deveria estar na mesa de todo gestor.

Não dá mais para os gerentes negarem o poder e a praticidade do elogio. Eles não podem mais deixar de enaltecer um funcionário merecedor, alegando falta de idéias para fazer isso. A utilização do elogio, do reconhecimento e da premiação não será mais uma prática opcional no gerenciamento de pessoas.

Ser medíocre não é a meta de nenhum colaborador – todos eles procuram ser extraordinários, o que será possível com este livro. E, no processo, qualquer cargo ou ambiente de trabalho pode se tornar mais produtivo, estimulante e gratificante.

– Ken Blanchard
Co-autor de *O gerente minuto*

Apresentação

Durante os 10 anos que se seguiram à publicação deste livro nos Estados Unidos, aprendi muita coisa sobre o reconhecimento de colaboradores. E o potencial desse assunto continua a me deixar motivado.

Talvez a lição mais importante tenha sido a de que é sempre melhor utilizar o reconhecimento com determinado propósito – associá-lo sistematicamente ao desempenho e ao comportamento que esperamos. Para as pessoas, o que conta em termos de poder e relevância é o uso generoso e freqüente do reconhecimento. Entre as outras coisas que aprendi estão:

- É possível que gerentes e executivos sintam dificuldade em dar o primeiro passo para acreditar no poder do reconhecimento. No entanto, depois que tomam essa iniciativa, ela logo se estabelece como uma prática contínua, o que proporciona benefícios substanciais para a organização.
- Embora uma grande variedade de comportamentos e atividades possa servir como reconhecimento, o verdadeiro poder dessa atitude vem da *forma* como ela é tomada – em termos de propriedade, contexto, simbolismo, padrão e influência – para trazer à tona o que há de melhor em qualquer pessoa e situação.
- Variedade, energia e espontaneidade produzem poder e entusiasmo. A motivação é um alvo dinâmico – o que funciona hoje pode não dar resultado amanhã. E é quase certo que não dará, caso você continue fazendo exatamente a mesma coisa.

No clima empresarial de hoje, a premiação e o reconhecimento são mais importantes do que nunca, por diversos motivos:

- Não há tantas maneiras pelas quais os gerentes possam orientar os funcionários e moldar sua forma de agir. A coerção deixou de ser uma opção. Cada vez mais, os supervisores devem servir de treinadores – mais do que exigir, eles têm que influenciar o colaborador para que este adote o comportamento desejado.
- Espera-se que os funcionários façam mais e de forma espontânea. Como apoio à adoção de controles menos rígidos, os gestores precisam criar ambientes de trabalho que sejam positivos e motivadores.
- Um número cada vez maior de colaboradores espera que o trabalho tenha um propósito e seja estimulante.

Desde a primeira edição deste livro, muitos leitores me disseram que o utilizam como um guia personalizado de motivação, simplesmente fazendo com que ele circule por suas equipes para que cada pessoa indique com suas iniciais as idéias de que gosta. Quando um colaborador faz um bom trabalho, pode-se então homenageá-lo com algo que já se sabe que ele apreciará.

Espero que você utilize este livro para experimentar o poder do reconhecimento e aprender a respeito dele. Como resultado, desejo que seu ambiente de trabalho e seus funcionários se tornem mais positivos, produtivos e alegres. Melhor ainda: uma vez que você entenda o valor desse assunto, faço votos de que comece a usá-lo em outras áreas da sua vida para tornar todas as suas relações ainda mais gratificantes.

– Bob Nelson, Ph.D.
San Diego, Califórnia

A ASSOCIAÇÃO ENTRE RECONHECIMENTO E DESEMPENHO

Um dos motivos fundamentais para a utilização do reconhecimento de funcionários é o impacto positivo que essa atitude tem sobre o desempenho, o que acaba motivando os gerentes a adotá-la com mais freqüência. Em minha pesquisa para o doutorado, identifiquei sinais que demonstram a associação entre reconhecimento e desempenho pelo menos de três maneiras.

Em primeiro lugar, diversas variáveis relacionadas ao desempenho receberam amplo apoio de todos os gerentes envolvidos no estudo. A maioria deles concordou (alguns fortemente) com as seguintes afirmações:

- Reconhecer os funcionários me ajuda a motivá-los. (90%)
- Prestar um reconhecimento que não seja financeiro aos colaboradores quando eles fazem um bom trabalho contribui para melhorar seu desempenho. (84%)
- O reconhecimento funciona como um feedback prático para os funcionários. (84%)
- Reconhecer os colaboradores pela realização de um trabalho bem-feito facilita a execução da tarefa dali para a frente. (80%)
- O reconhecimento dos funcionários ajuda a aumentar sua produtividade. (78%)
- Oferecer um reconhecimento que não seja financeiro me auxilia a atingir meus objetivos pessoais. (69%)
- Proporcionar um reconhecimento que não seja financeiro me ajuda a alcançar minhas metas no trabalho. (60%)

Em segundo lugar, 73% dos gerentes disseram que, quando empregaram o reconhecimento, os resultados que esperavam foram obtidos na hora ou logo em seguida. Além disso, 99% afirmaram ter tido a sensação de que acabariam alcançando os efeitos desejados.

Em terceiro lugar, das centenas de funcionários que se reportavam aos gerentes, 78% responderam que consideravam muito ou extremamente importante serem reconhecidos por seus supervisores quando executavam um bom trabalho. A expectativa de 53% deles era de que essa apreciação fosse demonstrada o mais rápido possível.

Introdução

Os resultados de uma pesquisa realizada pelo Council of Communication Management confirmam o que quase todos os colaboradores já sabem: o reconhecimento por um trabalho bem-feito é o maior motivador do desempenho.

A maioria dos gerentes, porém, não entende nem utiliza o poder do reconhecimento e da premiação. Isso é verdade, embora 33% deles afirmem preferir trabalhar numa organização em que sejam mais reconhecidos. Quando um gerente é informado da importância desse princípio fundamental do comportamento humano, sua reação típica é insistir que os funcionários valorizam apenas premiações que favoreçam diretamente seus bolsos, como aumentos de salário, bônus e promoções.

Ainda que dinheiro seja importante para os colaboradores, a pesquisa mostra que o fator que os motiva a se empenhar de verdade – e atingir altos níveis de desempenho – é aquele tipo de reconhecimento cuidadoso e pessoal que revela verdadeiro apreço por um trabalho bem-feito. A motivação é muito mais forte quando o reconhecimento desperta emoção, realça um profundo sentido de valor e respeito e fornece uma história que o colaborador possa contar à família, aos amigos e parceiros, talvez por muitos anos.

Uma observação sobre a terminologia. A palavra *reconhecimento* refere-se a uma atividade em essência intangível, como um agradecimento, um tapa nas costas e "fofoca positiva". O termo *premiação*, por outro lado, designa algo tangível, como dinheiro, produto ou viagem. Na prática, entretanto, essas duas palavras são às vezes usadas de forma intercambiável. Por exemplo, pode-se premiar alguém na hora com determinado valor em dinheiro e, verbalmente, expressar um agradecimento. Um *prêmio* é uma combinação desses termos e, em geral, assume a forma de um troféu, uma placa ou um certificado. É um item específico que serve como uma honra por certa realização, mas quase sempre envolve um presente de alguma natureza que simbolize o aspecto de reconhecimento da ocasião. Um *incentivo* é, na maioria das vezes, considerado um prêmio planejado, isto é, leva em conta a consciência prévia de que, se o colaborador fizer determinada coisa, receberá o prêmio correspondente.

A maioria dos sistemas de premiação e reconhecimento se encaixa em duas categorias: formal e informal. Premiações formais tendem a ser programas planejados e estruturados que são tipicamente repetidos e continuam por anos, como "Funcionário do Mês" e prêmios por tempo de serviço. Premiações informais são as maneiras mais imediatas e espontâneas de expressar agradecimentos sinceros e reconhecimento pela realização de um bom trabalho. São sempre estimulantes e divertidas e podem ser usadas para agradecer por um comportamento específico – como atendimento ao cliente, idéias que ajudam a cortar gastos ou trabalho em equipe – ou por determinadas realizações, que vão da conclusão de um relatório provisório até o término de um projeto ou o fechamento de uma venda importante.

Em geral, os tipos mais valorizados de reconhecimento mudaram de formais para informais e espontâneos e de tangíveis para intangíveis e interpessoais. A motivação de funcionários tem se mostrado cada vez mais pessoal e situacional. Quando se trata de reconhecimento, constata-se que um único modelo já não serve para todos.

As primeiras quatro partes deste livro tratam basicamente do reconhecimento informal, enquanto as duas últimas partes abordam os tipos mais formais de reconhecimento.

O reconhecimento e as premiações nessas categorias podem custar pouco, nada ou muito; podem ser particulares ou públicos e podem se concentrar numa grande variedade de comportamentos e realizações desejáveis ou ser direcionados a alguns objetivos significativos para a organização. As premiações informais mais decisivas acabam se associando a programas formais de algum tipo e vice-versa. Cartas de agradecimento e elogios públicos são maneiras expressivas de distinguir uma pessoa por seus esforços e por suas realizações, mas, se forem o único modo de reconhecimento que um gerente usa, logo perderão sua eficácia.

Independentemente do custo, da abrangência e da complexidade de reconhecimentos e premiações eficazes, os parâmetros são simples:

1. **Faça com que a premiação combine com a pessoa.** Comece com as preferências pessoais e premie o colaborador de um modo que ele considere satisfatório. Essas premiações podem ser pessoais ou institucionais, informais ou formais, públicas ou particulares e, ainda, tomar a forma de presentes ou atividades. Para que seja possível escolher um prêmio que certamente agradará aos funcionários, pergunte-lhes o que eles mais valorizam. Uma idéia é lhes dar um cartão para que listem tipos de reconhecimento que apreciam – esse é um método usado por muitas empresas.
2. **Faça com que a premiação combine com a realização.** O reconhecimento eficaz deve ser customizado para que leve em consideração o significado da realização. Obviamente, um funcionário que conclui um projeto de dois anos deve ser premiado de uma forma mais substancial do que outro que apenas lhe presta um favor. E, é claro, o prêmio deve estar relacionado ao tempo que você dispõe para planejar e executar e ao dinheiro que tem para gastar.
3. **Aja no momento certo e seja específico.** Para que sejam eficazes, as premiações precisam ser dadas assim que possível,

logo que a realização ou o comportamento pretendidos sejam constatados. Aquelas que vêm semanas ou meses mais tarde não incentivam tanto os funcionários a repetir suas ações. Você deve sempre contextualizar a conquista, explicando por que o prêmio está sendo oferecido. Uma vez que tenha premiado de modo consistente um desempenho desejado, seu padrão de reconhecimento pode ser mais intermitente à medida que esse comportamento for se tornando habitual. De fato, a pesquisa mostra que as ações de reforço intervaladas são mais eficazes em sustentar o desempenho a longo prazo.

Catherine Meek, presidente da Meek and Associates, empresa de consultoria de Los Angeles, diz que os programas de premiação e reconhecimento devem refletir os valores da companhia e a estratégia de negócios. Além disso, os funcionários têm que participar do seu desenvolvimento e da sua execução. O consultor e autor Aubrey Daniels, por sua vez, recomenda que os líderes encarreguem-se de reconhecer eficazmente os colaboradores e que as organizações evitem a utilização de abordagens obscuras ou padronizadas. Quando todos os membros da companhia recebem um prêmio igual, eles não se sentem motivados a dar o melhor de si. Na verdade, essa prática pode ser prejudicial ao desempenho, pois aqueles que se destacam não se sentem valorizados pelo trabalho excepcional que realizam, enquanto outros profissionais recebem reconhecimento apenas por comparecerem ao escritório.

Veja uma boa regra: para cada quatro premiações informais (por exemplo, um "obrigado" especial), faça um agradecimento de natureza mais oficial (como uma carta de reconhecimento). Para cada quatro destes últimos, opte por uma premiação ainda mais oficial (pode ser uma placa ou um elogio público numa reunião da empresa). Por fim, use basicamente as premiações mais tradicionais, como aumentos, bônus, promoções e tarefas especiais.

Qualquer momento de reconhecimento pode ser valorizado se precedido de um mínimo de reflexão sobre o que será feito, quem se encarregará disso, quem deve estar presente, o contexto da realização e as histórias a serem compartilhadas para dar relevância e estímulo a todos os envolvidos. Com um pouco de atenção e prática, qualquer gerente (ou funcionário) é capaz de desenvolver a habilidade de compreender o valor do reconhecimento de uma situação, conquista ou ocasião.

Sempre pensamos no reconhecimento e nas premiações como algo que os gerentes fazem pelos colaboradores; porém, cada vez mais, é possível utilizar seu poder em qualquer relacionamento, como colega–colega, colaborador–gerente, colaborador–fornecedor e até mesmo gerente–família. Parte da força do reconhecimento é trazer à tona essas diferentes possibilidades, como você verá nos exemplos citados neste livro.

Parte I

RECONHECIMENTO DIÁRIO

Como parte do meu projeto de doutorado, realizei uma pesquisa sobre os motivos pelos quais os gerentes usam ou não o reconhecimento para estimular os funcionários e descobri que a variável mais importante que distingue os gestores que fazem isso é a seguinte: eles – e não a empresa nem o departamento de recursos humanos – se responsabilizam pela criação do ambiente motivacional para *seus* colaboradores. Esses supervisores acreditam de fato que o reconhecimento dos profissionais merecedores exerce uma influência direta sobre a forma como essas pessoas encaram o trabalho.

Essa descoberta confirma o que minha pesquisa demonstra: simples comportamentos diários que qualquer gerente pode adotar com seu pessoal, sobretudo o elogio, são as formas de reconhecimento preferidas entre aqueles que executam um bom trabalho. O melhor elogio é feito pessoalmente, na hora, de maneira específica, sincera, de modo positivo e proativo. Em questão de segundos, ele expressa a seguinte idéia: "Vi o que você fez, considero muito importante, estou grato e feliz por isso" – poucas palavras e tanto significado.

Quatro das 10 categorias mais importantes de motivadores mencionados pelos funcionários na minha pesquisa são formas de elogio. Elas são abordadas nos quatro capítulos da parte I: elogio pessoal, elogio por escrito, elogio eletrônico e elogio público. Você pode até perguntar: "Será que existe alguma diferença entre eles? Não teriam todos o mesmo efeito?" Eu também pensava assim no início, mas aprendi que esses tipos de elogio são muito diferentes entre si. Enaltecer alguém pessoalmente não é a mesma coisa que lhe escrever uma nota, e essas duas formas de elogio não são a mesma coisa que lhe prestar uma homenagem em público. Para conseguir o máximo efeito dessa simples atitude, varie as maneiras de adotá-la e empregue todas elas com freqüência.

Uma pesquisa realizada pelo Dr. Gerald Graham, da Wichita State University, corrobora tais observações. Numa série de estudos, ele descobriu que os funcionários preferiam o reconhecimento pessoal e instantâneo dos supervisores diretos a qualquer forma de motivação. Em outra pesquisa sobre trabalhadores americanos, 63% dos entrevistados qualificaram "um tapinha nas costas" como um incentivo significativo.

Os estudos de Graham mostraram que os colaboradores percebiam que as premiações promovidas pelos gerentes em razão do bom desempenho ocorriam com menos freqüência e que aquelas estabelecidas pela empresa como forma de reconhecimento pela assiduidade (isto é, premiações baseadas apenas na presença física da pessoa na organização) eram mais comuns. O Dr. Graham chegou à seguinte conclusão: "Parece que as técnicas que exercem o maior impacto motivacional são as menos praticadas, embora sejam as mais fáceis e mais baratas."

O estudo de Graham revelou que as cinco mais importantes técnicas motivacionais referidas pelos funcionários são:

1. O gerente parabenizar pessoalmente os colaboradores que realizam um trabalho significativo.
2. O gerente escrever notas pessoais a respeito de um bom desempenho.
3. A organização usar o desempenho como base para promoção.

4. O gerente reconhecer em público os funcionários por bom desempenho.
5. O gerente realizar reuniões motivacionais para comemorar o sucesso.

Nas palavras da autora e consultora administrativa Rosabeth Moss Kanter: "O reconhecimento – agradecer em público ou dar um presente tangível – tem diversas funções, além da simples cortesia. Para o funcionário, o reconhecimento revela que alguém notou e que essa pessoa se importa. Para o resto da organização, o reconhecimento cria exemplos a serem seguidos – os de heróis – e divulga os padrões institucionais transmitindo esta mensagem: 'É isto o que a empresa considera um ótimo desempenho.'" Agora mostrarei algumas diretrizes que Kanter oferece para reconhecer os colaboradores de maneira eficaz.

Princípio 1: Enfatize o sucesso e não o fracasso. É provável que você não perceba os pontos positivos, caso se ocupe da busca pelo que há de negativo.

Princípio 2: Promova o reconhecimento e a premiação de forma aberta e pública. Quando não se torna de conhecimento geral, o reconhecimento perde muito do seu impacto e do seu propósito.

Princípio 3: Realize o reconhecimento de maneira pessoal e honesta. Evite algo muito "meloso" ou demasiadamente elaborado.

Princípio 4: Faça com que o reconhecimento e a premiação estejam de acordo com as necessidades exclusivas das pessoas envolvidas. Dispor de muitas opções nesse sentido habilitará o gerente a agradecer pelas realizações de acordo com as particularidades da situação.

Princípio 5: A escolha do momento oportuno é crucial. Reconheça uma contribuição durante todo o curso de um projeto. Premie assim que possível. Os atrasos enfraquecem o impacto da maioria das premiações.

Princípio 6: Esforce-se ao máximo para estabelecer uma conexão clara entre realizações e premiações. Faça com que as pessoas entendam por que recebem prêmios e os critérios usados para determiná-los.

Princípio 7: Reconheça o reconhecimento, ou seja, valorize os colaboradores que enaltecem os colegas por fazerem o que é melhor para a empresa.

Elogio pessoal & reconhecimento

O tipo mais importante de reconhecimento é o que ocorre a cada dia. Em minha pesquisa com funcionários, 99,4% disseram que consideravam muito ou extremamente importante serem reconhecidos pelos gerentes quando realizavam um bom trabalho, enquanto 73% esperavam que o reconhecimento ocorresse na hora ou logo depois. De forma geral, o elogio *pessoal* foi apontado como o mais importante. Os colaboradores identificaram quatro formas de elogio pessoal: "receber um agradecimento pessoal pela execução de um bom trabalho" (88%); "ouvir um elogio verbal" (86%); "ser procurado por um gerente para ser elogiado" (82%); e "ser elogiado por um trabalho bem-feito na frente de outra pessoa" (61%).

A diferença entre a quantidade de elogios que os gerentes acreditam que fazem aos colaboradores e a quantidade que estes últimos dizem receber é, infelizmente, muito grande. Bob Levoy, presidente da Success Dynamics, Inc., conta: "Pedi a mais de 2.500 médicos que classificassem numa escala de 1 a 5 (1 = nunca, 5 = sempre) a seguinte afirmação: 'Informo meu assistente de que ele está fazendo um bom trabalho.' A resposta média foi 4,4. Então solicitei aos membros de suas equipes que classificassem esta frase: 'O doutor me diz quando estou executando um bom trabalho', e a resposta média foi apenas 1,7. Essa discrepância entre o que os médicos garantem fazer e o que os colaboradores afirmam ouvir é sempre a causa oculta de ressentimento, queda na produtividade e rotatividade de pessoal. Esse 'hiato de feedback' está presente em quase toda relação gerente–colaborador."

Como podemos eliminar essa lacuna? O consultor administrativo Marshall Goldsmith aconselha:

"Um dos meus clientes obteve uma pontuação muito baixa no quesito 'Promover reconhecimento positivo adequado'. O que ele fez para melhorar foi uma grande estratégia que é útil a todo tipo de líder. Primeiramente, listou os grupos-chave de pessoas que tinham impacto na sua vida: amigos, familiares, funcionários, colegas e clientes. Em seguida, relacionou os nomes de cada um dos indivíduos que estavam em tais grupos. Assim, duas vezes por semana, uma na quarta e outra na sexta-feira, ele verificava a lista e se perguntava: 'Alguém nesta relação fez alguma coisa que eu deva reconhecer?' Em caso positivo, ele agradecia enviando uma nota, um e-mail ou deixando uma mensagem de voz – nada que levasse mais do que dois minutos. Caso ninguém tivesse realizado algo que merecesse reconhecimento, ele não tomava nenhuma atitude, para não soar falso. Seguindo essa técnica simples durante um ano, esse cliente subiu de 6 para 94% no quesito 'reconhecimento'. Já recomendei essa estratégia a muitos líderes, e sempre deu certo. Ela pode ajudar você também a prestar um reconhecimento mais positivo às principais pessoas da sua vida."

São as interações diárias que definem nossas relações no trabalho. As pequenas coisas que os gerentes fazem ou deixam de fazer podem acabar estabelecendo uma grande diferença em como os outros se sentem em relação a trabalhar com eles e fazer parte de uma organização. Um foco sistemático nos pontos positivos serve como base e amortecedor para os desafios negativos – problemas, reclamações e estresse, entre outros.

Embora a maioria das interações positivas diárias tenda a receber pouca atenção e a apresentar um custo baixo ou mesmo nenhum, com algum planejamento você pode se preparar para fazer coisas mais significativas. Por exemplo, se alguém fechar uma grande venda ou concluir um projeto importante, peça ao presidente da empresa que telefone pessoalmente para parabenizá-lo. Apesar de não ser possível fazer isso todos os dias, trata-se de uma forma de reconhecimento fora do comum, porém simples, da qual você pode lançar mão em circunstâncias especiais.

Lembre-se: o melhor elogio pessoal deve ser oportuno, sincero e específico. Reserve um tempo para interagir com cada um dos seus funcionários – ainda que seja no almoço ou num intervalo para o café – para ver como eles estão se saindo e para agradecer-lhes por tudo o que têm feito. Você pode até, de vez em quando, elogiar pessoalmente cada um deles durante uma reunião. (Se usar essa tática, encontre algo positivo para dizer sobre todas as pessoas para que ninguém se sinta excluído.)

Você pode elogiar os colaboradores na frente dos outros ou quando eles não estiverem presentes (um conceito conhecido como "fofoca positiva"), sabendo que esse elogio indireto chegará até eles. Para alguns funcionários, o reconhecimento indireto tem maior crédito porque é feito sem nenhum interesse específico. Essencialmente a mensagem desse elogio é: "Meu supervisor deve ter achado importante o que eu fiz para ter dito isso a toda a equipe!"

Tente incluir os agradecimentos sinceros nas suas atividades diárias e de forma contínua. Por exemplo, adquira o hábito de cumprimentar as pessoas com total atenção, como se você tivesse todo o tempo do mundo para elas, ainda que só disponha de alguns minutos. Mostre-se inteiramente à sua disposição, mas, se isso não for possível, diga-lhes que está com muita coisa na cabeça e que gostaria de retomar a conversa quando puder se concentrar melhor no que estão discutindo e em suas necessidades.

Sempre que um colaborador deixar o escritório no fim do expediente, despeça-se dele e agradeça-lhe por seus esforços naquele dia. Quando perguntei aos funcionários sobre os ótimos gerentes com os quais haviam trabalhado, muitos deles disseram que esses supervisores se mostravam gratos todos os dias por sua presença na empresa. Uma simples cortesia, sim, mas uma gentileza que as pessoas percebiam e valorizavam. Nada melhor do que o reconhecimento simples e diário para construir uma base de confiança e criar boa vontade.

Uma pesquisa realizada pelo Departamento de Recursos Naturais de Minnesota mostrou que as ações de reconhecimento contribuem de modo significativo para a satisfação dos colaboradores. A maioria dos entrevistados afirmou valorizar muito o reconhecimento diário de suas atividades por supervisores e colegas. Outros dados revelados pelo estudo:

- 68% dos entrevistados disseram que era importante acreditar que seu trabalho era reconhecido e valorizado.
- 67% concordaram que a maior parte das pessoas precisa de reconhecimento pelo que faz.
- 63% afirmaram que a maioria dos funcionários gostaria de ser mais reconhecida no trabalho.
- 8% acharam que as pessoas não devem esperar elogios por seus esforços.

Nancy Branton, gerente de projeto da pesquisa, diz: "O reconhecimento é mais importante hoje do que foi no passado. Cada vez mais, os colaboradores acreditam que sua satisfação depende do reconhecimento do desempenho, bem como de um salário adequado. Isso é verdade, sobretudo em relação àqueles que se mostram muito interessados em sua profissão e se sentem satisfeitos com suas realizações."

As organizações podem influenciar bastante o uso do reconhecimento positivo diariamente, oferecendo treinamento, ferramentas, atividades e programas para fomentar tal comportamento. Neste livro, fornecerei uma série de exemplos nesse sentido. A Tennant Company, em Minneapolis, Minnesota, promove o "Dia do Feedback Positivo" todos os anos. Nessa data, os funcionários recebem blocos de notas, canetas com a frase "Somente comentários positivos", balões e placas. Durante as festas natalinas, o "Comitê do Feedback Positivo" organiza um *open house* e convida os colaboradores a comparecer em intervalos agendados.

"Sou capaz de viver por duas semanas graças a um bom elogio."

– MARK TWAIN

Um alto gerente da Qwest Communications em Denver, Colorado, usa um método simples para lembrar a si mesmo de prestar reconhecimento aos colaboradores: inclui o nome de cada um deles na sua lista semanal de afazeres. Depois, vai riscando um a um sempre que tem a chance de reconhecer as pessoas por algum aspecto do seu desempenho ou comportamento, como ter cumprido metas importantes num projeto ou ter prestado um excepcional atendimento ao cliente. Ele explica: "Essa é minha forma de transformar o aspecto pessoal do trabalho em tarefas gerenciáveis nas quais posso me concentrar a cada semana."

"Há duas coisas que as pessoas querem mais do que sexo e dinheiro: reconhecimento e elogio."

– MARY KAY ASH (Fundadora da Mary Kay, Inc.)

Os gerentes da filial de St. Ann da rede de lojas de departamentos Famous-Barr, sediada em Saint Louis, Missouri, aproximam-se de cada colaborador no fim do dia para saber o que correu bem com eles, em vez de esperarem por um relatório semanal ou mensal. Os fatos positivos são discutidos na reunião da manhã seguinte. "Tem sido um método bastante eficaz de enfatizar boas notícias de maneira oportuna e motivar os funcionários diariamente", diz Dan Eppler, gerente de vendas.

Diretrizes para um elogio eficaz

- O mais breve...
- O mais sincero...
- O mais específico...
- O mais positivo...
- O mais prático...
- ...possível!

Joe DeLuce, diretor de recreação do Champaign Park District em Champaign, Illinois, diz que é importante levantar a questão do elogio com sua equipe: "Numa das reuniões gerais do departamento, pedimos que todos ali dissessem quando havia sido a última vez em que tinham agradecido a alguém. Os 30 participantes falaram sobre como haviam manifestado gratidão a um colega de equipe ou a outro funcionário do nosso setor naquele dia ou na semana anterior. Um deles contou como um dos integrantes do seu grupo esforçara-se de modo extraordinário. Esse relato causou emoção, pois o colaborador mencionado estava presente. Falamos da importância de agradecer aos colegas por realizarem trabalhos excepcionais e do nosso objetivo de ser um departamento que demonstra apreço pelos outros."

Em *Um pequeno passo pode mudar sua vida*, Robert Maurer descreve seu trabalho com Michael, um gerente que tinha dificuldade em elogiar os funcionários.

"Pedi a ele que se visse fazendo um elogio específico e detalhado a uma pessoa do seu departamento, usando um tom entusiasmado, como se não houvesse nenhum problema com o trabalho desse colaborador. Ele deveria imaginar como seria abordá-lo com uma postura relaxada e aberta, como sua voz soaria e como seriam os sons e odores no local. Eu queria que Michael passasse a elogiar por duas razões. Assim como acontece com a maioria das pessoas, ele achava mais fácil criticar do que enaltecer alguém. Mas eu também sabia que, se nada fosse feito para que as arestas em seu departamento fossem eliminadas, Michael acabaria provavelmente considerando os colaboradores nada mais do que uma coleção de problemas. Por outro lado, pesquisas psicológicas mostram que as pessoas que não se sentem valorizadas tendem a ficar ressentidas com críticas e ignoram os conselhos que recebem. Ao praticar o ato de elogiar, Michael estava aprendendo a se sentir à vontade fazendo algo que não era natural para ele. Além disso, passou a desenvolver uma habilidade que aumentaria a satisfação e a produtividade de seus colaboradores. Com os pequenos e ativos passos do ensaio mental, ele acabou adquirindo um novo conjunto de habilidades. Os elogios tornaram seu trabalho mais agradável e gratificante. Ele começou a parar nos corredores por 15 ou 20 segundos para mostrar reconhecimento aos profissionais merecedores."

Phoebe Farrow Port, vice-presidente da Estée Lauder, conta que o fundador da empresa, Leonard Lauder, passava pouco tempo com os executivos em suas visitas às lojas. Ele preferia encontrar-se com os funcionários. "Um dia, vi o Sr. Lauder aproximar-se de um balcão e dizer o seguinte a uma colaboradora: 'Desculpe a interrupção. Meu nome é Leonard Lauder. Estou sabendo que você é uma das consultoras de beleza. Obrigado por tudo o que vem fazendo pela companhia.'" Certa vez Phoebe lhe disse: "O senhor é muito bom nisso." Ele respondeu: "Estabeleci para mim uma cota de três agradecimentos por dia há muitos anos. Sugiro que você faça o mesmo." Phoebe acrescenta: "Aonde quer que o Sr. Lauder vá, ele escreve uma nota pessoal para todos com quem se encontra."

"Mostrar reconhecimento é algo tão fácil de fazer e tão barato que simplesmente não há desculpas para não se praticar isso."

– Rosabeth Moss Kanter

(Consultora de estratégia da Harvard Business School)

Elogio por escrito & reconhecimento

O elogio por escrito, considerado o segundo tipo mais valorizado de reconhecimento, é feito de diversas maneiras. Veja como os participantes da pesquisa classificaram essas diferentes modalidades em termos de importância: "cartas de elogio no arquivo pessoal do colaborador" (72%); "receber um elogio por escrito" (61%); "receber uma nota de agradecimento por escrito" (59%); e "receber um cartão de agradecimento" (48%).

Uma pesquisa realizada pela Associação Internacional de Profissionais Administrativos (IAAP) revelou que cerca de 30% das secretárias profissionais ficariam felizes com uma simples carta de reconhecimento de seus gerentes, porém somente 7% das entrevistadas disseram já ter recebido esse tipo de atenção. Outro estudo mostrou que, embora a comunicação positiva por escrito fosse muito importante para motivar os colaboradores, essa técnica era usada apenas por 24% dos supervisores.

Notas por escrito encaminhadas no fim do dia a funcionários que apresentaram bom desempenho são uma estratégia eficaz de reconhecimento, segundo Steve Wittert, presidente da Paragon Steakhouse Restaurants, sediada em San Diego, Califórnia. Como sua agenda está sempre cheia de compromissos, ele quase nunca tem tempo para mostrar reconhecimento pessoalmente. Em vez disso, mantém cartões na mesa. Quando as coisas se acalmam no fim do expediente, Wittert reserva alguns minutos para escrever notas pessoais para quem se destacou naquele dia.

"No fim de cada ano, escrevo uma carta pessoal para todos os meus funcionários, listando os pontos altos de seu desempenho que me fizeram sentir orgulho. Isso leva menos tempo do que se imagina, e o impacto sobre os colaboradores é significativo", afirma.

Joe Floren, da Tektronix, Inc., fabricante de equipamentos eletrônicos em Beaverton, Oregon, gosta de contar a história do "Prêmio Mandou Bem". Ex-gerente de comunicação, Floren recorda-se de quando tomou café com seu supervisor, um vice-presidente, anos atrás. O executivo lhe disse que vinha refletindo sobre um problema causado pelo rápido crescimento da empresa. Ele acreditava que a companhia estava se expandindo tanto que era preciso estabelecer um programa formal de reconhecimento. O vice-presidente havia lido sobre o assunto e começou a contar a Floren a respeito dos diversos modelos do relógio de ouro que costuma ser oferecido como presente por um bom trabalho.

Floren não concordou com as colocações do seu supervisor, que então o desafiou a sugerir algo melhor. Sua idéia foi criar um cartão chamado "Mandou Bem" e deixar que os colaboradores o entregassem aos colegas de trabalho.

Para sua surpresa, o vice-presidente concordou. Floren imprimiu alguns cartões e começou a distribuí-los. A idéia foi aceita, e as premiações informais tornaram-se parte da vida da empresa. "Embora as pessoas nos digam coisas bacanas, isso tem um significado maior quando alguém se dá ao trabalho de escrever nosso nome num pedaço de papel e registrar a mensagem. Os funcionários costumam afixar os cartões perto das suas mesas", diz ele.

Na SeaWorld em San Diego, Califórnia, os líderes de equipes dão "cartões-holofote" aos colaboradores quando os surpreendem fazendo algo corretamente. Eles escrevem o que observaram e mencionam o fato de que gostaram, pegam as assinaturas de pelo menos outros dois líderes ou supervisores e depois entregam o cartão à pessoa. Uma cópia é afixada no quadro de avisos dos funcionários.

Expresse por escrito

- Escreva à mão um cartão de agradecimento.
- Cole uma nota de agradecimento na porta da sala do funcionário.
- Escreva uma "carta de elogio" endereçada aos colaboradores para reconhecer suas contribuições e realizações específicas. Envie uma cópia ao seu supervisor ou a gerentes em posições mais altas na hierarquia e ao departamento pessoal.
- Forneça aos gerentes pacotes contendo cartões de agradecimento para que eles os distribuam aos colaboradores que executam um trabalho excepcional.
- Peça ao seu supervisor, a um gerente sênior ou ao presidente da empresa que envie uma carta de reconhecimento ou de agradecimento a profissionais e equipes que tenham realizado contribuições importantes.

Em Marietta, Geórgia, a Wellstar Health System criou o programa de reconhecimento de liderança "Os Sete Atributos das Estrelas". De acordo com a empresa, essas qualidades são: comunicação, raciocínio global, desenvolvimento pessoal, aprendizagem permanente, inovação, realização de metas e destaque no atendimento. Os gerentes recebem blocos impressos. Depois, pede-se a eles que identifiquem os atributos dos seus colegas líderes e que descrevam por que essas pessoas merecem reconhecimento. Qualquer líder que seja reconhecido por apresentar cinco ou mais qualidades é homenageado publicamente na reunião trimestral de liderança e pode escolher um livro.

> **"O reconhecimento é a técnica motivacional mais barata e fácil de ser usada. Entretanto, é desconcertante ver a baixíssima freqüência com que essa ferramenta essencial de desenvolvimento é utilizada pela maioria dos gestores."**
>
> — JIM CLEMMER (Presidente do Clemmer Group)

ESTUDO DE CASO SOBRE ELOGIO POR ESCRITO

A maioria das empresas encontra dificuldade em fazer com que os gerentes fiquem atentos à necessidade de reconhecer os funcionários. Afinal de contas, como é possível forçar alguém a ser gentil com os colaboradores? Além disso, se eles forem obrigados a fazer algo que não queiram, é provável que fiquem ressentidos e enfraqueçam os esforços motivacionais de alguma maneira.

Não era isso que se pensava no Bronson Healthcare Group em Kalamazoo, Michigan, classificado pela revista *Fortune* como um dos "Melhores lugares para se trabalhar nos Estados Unidos". Há cerca de sete anos, a organização decidiu parar de se concentrar no pequeno número de pessoas que não atingem as expectativas e começou a focalizar, reconhecer e premiar os 95% de colaboradores que executam um bom trabalho. Foram necessários quase quatro anos para que essa filosofia fosse incorporada, porém o foco sistemático nas práticas de reconhecimento fez da empresa um excelente lugar para se trabalhar.

Por exemplo, eles pediram a todos os gerentes que escrevessem 12 notas de agradecimento aos colaboradores por trimestre e que as mostrassem aos seus próprios supervisores como prova de que eles estavam de fato reconhecendo os funcionários. Além disso, o

> **"O principal fator é o reconhecimento individual – ele é mais importante do que salários, bônus e promoções. As pessoas, em sua maioria, não importa qual seja sua profissão ou cargo, querem ser criativas. Elas desejam se identificar com o sucesso de sua profissão e de sua empresa. Objetivam contribuir dando à sociedade mais conforto, melhores condições de saúde e mais estímulo. E o maior prêmio que recebem é o reconhecimento de que de fato colaboraram fazendo com que algo significativo acontecesse."**
>
> – PAUL M. COOK (Fundador e presidente da Raychem Corporation)

departamento de recursos humanos contactou de modo aleatório alguns desses profissionais e lhes solicitou as cópias das notas. O gerente que não as tivesse era orientado a agendar um bate-papo com o líder sênior da equipe. Nunca precisaram marcar mais do que uma conversa antes que o gerente entendesse rapidamente que a organização estava levando essa atividade a sério.

Melhor ainda, os gerentes que começaram a escrever notas logo descobriram que estavam sendo premiados por seus empregadores por causa daquelas mensagens. Agora, os novos líderes são orientados sobre essa prática desde sua admissão na empresa.

Veja a seguir outros exemplos reais de formas eficazes de reconhecimento por escrito.

Na Lands' End em Dodgeville, Wisconsin, o presidente Mike Smith examina pessoalmente toda a sua correspondência. Quando encontra uma carta de um cliente citando um funcionário pelo nome, ele escreve um pequeno bilhete para o colabo-

> **"O reconhecimento é algo que um gerente deveria fazer o tempo todo – é um diálogo contínuo com as pessoas."**
>
> – RON ZEMKE (Editor sênior da *Training Magazine*)

rador e lhe encaminha junto com uma cópia da carta. As pessoas adoram essas expressões de admiração do líder da empresa e as colocam próximo às suas mesas de trabalho.

"Nas companhias mais inovadoras, há um volume significativamente maior de agradecimentos do que nas organizações que não se empenham tanto em inovar."

– Rosabeth Moss Kanter (Consultora de estratégia da Harvard Business School)

Você duvida de que pequenas ações de reconhecimento podem ter um valioso significado? Em *What I Saw at the Revolution* (O que vi na revolução), Peggy Noonan, responsável pela elaboração dos discursos do ex-presidente Ronald Reagan, mencionou uma nota pessoal que recebeu dele. Ela já estava redigindo esses textos para Reagan havia quatro meses e ainda não o conhecia. Certo dia, porém, o presidente escreveu "Muito bom" no rascunho de um dos discursos. Primeiro ela olhou para a anotação. Depois pegou uma tesoura, a recortou e a prendeu na blusa com uma fita adesiva, como se fosse uma colegial. Durante todo o dia, as pessoas perceberam aquilo e olhavam para Peggy, que, radiante, retribuía os olhares.

"As pessoas querem realizar um bom trabalho. Se elas encontrarem o ambiente propício, é o que farão."

– Bill Hewlett (Co-fundador da Hewlett-Packard)

Joan Padgett, do departamento de recursos de aprendizagem do Centro Médico de Veteranos em Dayton, Ohio, tem uma história sobre notas pessoais: "Certa vez, decidi dar um cartão de boas-vindas a uma nova funcionária e escrevi uma mensagem que dizia: 'Dentro de alguns dias, você se sentirá feliz; depois, se sentirá completamente esgotada. Mas espero que sempre saia do escritório sabendo que contribuiu para nossa organização.' A colaboradora ficou muito entusiasmada e afirmou que guardaria para sempre o cartão. Sua resposta emocional me convenceu do valor de usarmos esse tipo de bilhete para agradecer, parabenizar, dar boas-vindas e homenagear as pessoas."

"Ao longo dos meus 20 anos de trabalho e depois de entrevistar milhares de funcionários, o que posso dizer com certeza é que as organizações são péssimas em reconhecer as contribuições dos colaboradores. É o que eles nos dizem logo de cara: 'Nem ligo para o dinheiro. Bastaria que meu supervisor me agradecesse, que pelo menos percebesse que eu existo. Só escuto alguma coisa quando dou mancada. Nunca ouço nada quando faço um bom trabalho.' As ações de reconhecimento são um elemento muito importante do programa total de premiação."

— Catherine Meek (Presidente da Meek and Associates)

John Plunkett, diretor de treinamento da Cobb Electric Membership Corporation em Marietta, Geórgia, diz: "As pessoas adoram colecionar os cartões de visita dos outros. Ande sempre com seus cartões e, quando 'pegar alguém fazendo algo certo', escreva imediatamente uma mensagem como 'Obrigado', 'Bom trabalho', 'Continue assim', acompanhada de duas ou três palavras que descrevam a ação que a pessoa realizou. Acrescente o nome dela e assine."

O programa "Prêmio de Excelência" da Herbalife, sediada em Inglewood, Califórnia, utiliza o que a empresa chama de "cartões-maravilha", que têm duas partes. Os funcionários os preenchem com elogios aos colegas por bom atendimento, trabalho em equipe, etc. Uma parte vai para o homenageado, enquanto a outra é colocada numa caixa de reconhecimento, cujo conteúdo é revisto a cada mês por um comitê de seis membros. Eles escolhem o melhor cartão e o penduram no quadro "Maravilha!". O vencedor ganha pontos para compras de produtos e participa do sorteio semestral de um cruzeiro. Todos os homenageados ingressam automaticamente no programa "Celebridades" da companhia para mais reconhecimento e projeção.

Para garantir o sucesso dessa iniciativa, a Herbalife começou com um período de experiência de três meses durante o qual coletou opiniões e sugestões sobre o programa. Por exemplo, quando descobriu que os colaboradores não gostavam de pagar as taxas de frete pelos produtos que escolhiam, a empresa incorporou esses valores aos prêmios e elevou ligeiramente o número de pontos exigidos. Junto com esse aumento do reconhecimento vieram outros benefícios. Ana Franklin, gerente sênior do departamento de pedidos, identificou três deles: (1) o programa ajuda os funcionários a estabelecer metas mais específicas e favorece o controle mais sistemático dos resultados; (2) além de ser mais barato do que os anteriores, ele tem um impacto mais duradouro, substituindo uma abordagem que era menos planejada (como a distribuição ocasional de cupons de gasolina e cer-

"Tento me lembrar de que as pessoas – as boas, inteligentes e capazes – podem de fato precisar de elogios e agradecimentos diários pelo trabalho que realizam. Procuro não me esquecer de me levantar da cadeira, desligar o computador, sentar-me com elas e ver o que estão fazendo, perguntar sobre seus desafios, descobrir se precisam de alguma ajuda, oferecer esse apoio se possível e, mais importante, dizer-lhes com toda a sinceridade que o que estão fazendo é importante – para mim, para a empresa e para os clientes."

– John Ball (Gerente de treinamento da Honda)

tificados); e (3) agora as pessoas podem incluir suas famílias na escolha dos produtos, o que é um estímulo extra.

Jeffrey S. Wells, vice-presidente sênior de recursos humanos da Circuit City Stores, Inc., sediada em Richmond, Virgínia, pede que sua assistente administrativa coloque em sua mesa alguns cartões para que, todos os meses, ele escreva notas pessoais aos funcionários que estão completando tempo de serviço na empresa. A iniciativa toma tempo, mas vale a pena o esforço, pois Jeffrey aprecia essa forma simples de se manter em contato com os colaboradores.

Don Eggleston, diretor de desenvolvimento organizacional da SSM Healthcare em Saint Louis, Missouri, diz: "Envio cartões ou flores aos funcionários em ocasiões importantes de suas vidas. Por exemplo, já mandei um cartão a um colaborador no aniversário de morte do pai dele. A outros encaminhei mensagens pela formatura ou pelo aniversário de um filho. É um modo sutil de mostrar às pessoas que me interesso por elas sem ser intrometido. Afinal, trabalhamos com seres humanos e podemos ser mais eficazes e sensíveis se compreendermos melhor uns aos outros."

> **"Considero minha habilidade de entusiasmar as pessoas meu patrimônio mais importante. A forma para desenvolver o que há de melhor num indivíduo é pelo reconhecimento e o estímulo."**
>
> – Charles Schwab (Fundador da Charles Schwab Corporation)

Elogio eletrônico & reconhecimento

O elogio eletrônico é igual ao elogio por escrito, porém é transmitido de forma mais imediata e sempre com menos esforço do que este último. Atualmente, reconhecimentos por e-mail, mensagem gravada, celular, bipe e outros meios tecnológicos são muito importantes para os funcionários, pois eles passam um tempo cada vez maior usando equipamentos eletrônicos e interagem mais com computadores do que com supervisores e colegas. Embora a tecnologia possa contribuir bastante para a eficiência, ela tende a exercer um efeito alienante, aumentando a distância e o estresse nas relações de trabalho, já que se espera que as pessoas estejam "disponíveis" 24 horas por dia.

Um estudo realizado por Pitney Bowes sobre ferramentas e práticas de mensagens revela que os trabalhadores americanos recebem hoje cerca de 200 mensagens por dia – mais do que em qualquer outra época. Qual o impacto desse bombardeio constante e do uso crescente da tecnologia? Como os gerentes podem reconhecer melhor o desempenho dos colaboradores quando estes possivelmente nem sequer mantêm um contato físico com seus supervisores por semanas ou, às vezes, por meses?

Os gestores devem cumprir um papel proativo estimulando um espírito de equipe com o estabelecimento de ocasiões de comunicação regular em comum acordo. Telefonemas, e-mails, teleconferências, videoconferências e momentos de bate-papo pelo computador podem se dar num horário que seja bom para todos. Além disso, há a opção dos quadros de mensagens para a comunicação contínua sobre o progresso de aspectos fundamentais do trabalho em grupo. Comunicar-se por esses meios garante aos funcionários a oportunidade de trocar idéias com colegas de equipe, conversar sobre problemas, discutir maneiras de melhorar, avaliar a evolução de todos, compartilhar opiniões e sugestões, receber feedback, pensar em novas ações, debater estratégias e reconhecer o sucesso.

Por motivos como esses, torna-se cada vez mais importante que a tecnologia seja usada para reforçar o trabalho bem-feito e estimular o espírito humano. Os funcionários consideram o elogio eletrônico um motivador essencial de seu desempenho. Por exemplo, numa pesquisa que realizei, mais de 70% dos colaboradores demonstraram que receber um e-mail positivo é muito ou extremamente importante, seguido por "receber cópias de e-mails positivos" (65%), "receber um elogio por e-mail" (43%) e "receber um elogio pelo correio de voz" (26%).

Veja alguns conselhos que podem ajudá-lo a preservar o elemento humano no ambiente de trabalho, mesmo quando existe uma grande utilização da tecnologia:

1. Conheça melhor as pessoas antes de se comunicar com elas eletronicamente. Todo acordo se origina de experiências compartilhadas. O estabelecimento de confiança e respeito por meio do uso exclusivo de correspondência eletrônica é difícil. Como se estima que 90% de toda a comunicação seja não-verbal, o que você não vê em suas interações pode prejudicar seus relacionamentos.
2. Fique atento às limitações tecnológicas ao se comunicar. Não deixe que os recursos eletrônicos substituam sua presença numa reunião apenas porque são eficientes. Decida quando é conveniente o uso do correio de voz ou do e-mail, por exemplo, e quando é melhor comparecer a uma reunião. Evite em-

pregar a comunicação eletrônica se estiver lidando com assuntos delicados ou complexos – nesses casos, a interação pessoal é mais apropriada.

3. Recorra à comunicação eletrônica para intensificar os relacionamentos. Conheço um gerente que faz questão de usar o celular no caminho de casa todas as noites para deixar mensagens de voz de agradecimento para os colaboradores, numa espécie de reflexão sobre os acontecimentos do dia. Suas mensagens são 100% positivas – ele evita mencionar problemas ocorridos no trabalho e solicitar tarefas extras. Conheço outro gerente que envia cópias para *seu* supervisor de todos os e-mails de elogio que ele manda para os funcionários. Quando chega a época da avaliação de desempenho e das ações salariais, seu supervisor sempre concorda com suas recomendações, pois mantém-se informado durante todo o ano.
4. Use a tecnologia para expandir sua área de reconhecimento. Nas discussões e tomadas de decisão, ela pode ajudar a incluir pessoas que tenham ficado de fora no passado. Por exemplo, a Home Depot, Inc., rede de lojas de produtos para reforma e construção e outros itens para casa, sediada em Atlanta, Geórgia, realiza videoconferências semanais com todas as unidades. Esses eventos são chamados "Café da Manhã com Bernie e Arthur", o presidente e o diretor executivo. É uma chance para que todos fiquem a par das novidades e do andamento das coisas. Bate-papos on-line, quadro de avisos e linhas diretas entre funcionários e gerência são outros recursos usados para manter as pessoas interligadas e permitir que elas desempenhem um papel integral na companhia.
5. Empregue o poder da tecnologia para dar destaque ao anúncio de boas notícias. Encontre maneiras interessantes de transmitir informações positivas para os funcionários, tanto lhes encaminhando a mensagem quanto lhes agradecendo

publicamente por e-mail. Num escritório da Hughes Network Systems em San Diego, Califórnia, as pessoas criaram um quadro de avisos chamado "Aplauso", que aparece na forma de *pop-up* no sistema da intranet. Qualquer colaborador pode utilizá-lo para escrever agradecimentos a um colega. As pessoas conseguem ver o elogio mais recente toda vez que se conectam. Hoje em dia, diante da implacável pressão e das mudanças na maioria das empresas, tomar conhecimento de coisas que estejam indo bem se torna um alento que faz frente ao estresse e às frustrações. Lance mão da tecnologia para realçar todas as boas notícias assim que elas ocorrerem e não se esqueça de usar o e-mail e o correio de voz para deixar palavras de gratidão.

Uma vez que na maioria das organizações a tendência hoje é haver uma diferença sutil entre estresse e entusiasmo, o uso adequado da tecnologia pode criar relações de trabalho mais positivas e um ambiente mais humano e acolhedor.

Chris Higgins, vice-presidente sênior de planejamento de projeto na divisão de serviços do Bank of America, diz: "É muito importante dar crédito a todos. Tento descobrir quem está se esforçando e indo além do esperado na realização de seu trabalho. Em geral, minha equipe se encontra dispersa por todo o país. Por isso estou sempre falando com as pessoas por telefone ou apareço inesperadamente em teleconferências. Não é nenhum grande esforço – só é preciso disciplina, mas vale muito a pena."

"Quanto mais avançada for a tecnologia à nossa volta, maior a necessidade do contato humano."

– JOHN NAISBITT (Autor de *Atitudes mentais e Megatendências*)

A Fargo Electronics, sediada em Eden Prairie, Minnesota, usa um jornal interno eletrônico para manter contato diário com os colaboradores. Números de vendas e de produção, opiniões de clientes e atualizações sobre participação nos lucros são dados compartilhados diariamente. No fim de cada expediente, os supervisores de departamento enviam as informações por e-mail.

Elogio público & reconhecimento

Na minha pesquisa, o elogio público foi apontado como uma das formas de reconhecimento preferidas pelos colaboradores. Isso incluiu itens que eles classificaram como muito ou extremamente importantes, na seguinte ordem: "cartas elogiosas de clientes compartilhadas em público ou afixadas" (62%); "elogio a um funcionário numa reunião do departamento ou da empresa" (54%); "reconhecimento a um colaborador num evento de premiação da companhia" (46%); e "reconhecimento a um funcionário no jornal interno da organização" (39%). Esses dados reforçam outras pesquisas que indicam que 76% dos trabalhadores americanos consideram o reconhecimento numa reunião da companhia um incentivo significativo.

Janis Allen, consultora administrativa, nota que é fácil aumentar a ação do feedback positivo quando o comunicado chega ao colaborador por meio dos colegas. "Sempre que alguém diz alguma coisa boa sobre outra pessoa e eu conto isso a quem foi alvo do elogio, esse indivíduo parece receber a mensagem com mais intensidade do que se a tivesse ouvido em primeira mão", afirma Allen.

Existem muitas maneiras de reconhecer colaboradores em público. Compartilhar boas notícias, como ler cartas elogiosas de clientes no início de uma reunião geral ou afixá-las num "Quadro de Boas Notícias" junto com outras informações positivas de membros do departamento, pode ser eficaz. Por exemplo, a Childress Buick-Kia, em Phoenix, Arizona, concentra suas reuniões mensais no compartilhamento de metas e resultados e no reconhecimento público dos funcionários mencionados pelos clientes por terem prestado um bom atendimento. Algumas vezes, clientes importantes são levados à empresa para enaltecer os colaboradores que se destacaram. Com isso, é enviada uma mensagem de grande impacto sobre a importância do atendimento.

A Dra. Jo-Anne Pitera, diretora de educação corporativa e treinamento da Florida Power and Light em Juno Beach, Flórida, sugere a colocação de um *flip chart* próximo à porta do elevador para que as pessoas possam listar agradecimentos e realizações num local em que todos vejam. Ela recomenda ainda que, nas reuniões de departamento, sejam solicitadas e anunciadas indicações para os prêmios de reconhecimento por esforços excepcionais, talvez em conjunto com sorteios de brindes ou dinheiro. Pode-se até criar uma "Parede da Fama" como demonstração de apreço àqueles que se destacam por seu empenho e por suas conquistas.

Outra idéia é reservar alguns minutos no início das reuniões gerais ou de departamento para prestar reconhecimento aos colaboradores, como ocorre na fábrica de produção de fibras da Honeywell, Inc. em Moncure, Carolina do Norte, onde os profissionais trocam elogios publicamente. Também se pode usar o final das reuniões com esse fim. Norman Groh, gerente de atendimento ao cliente num escritório da Xerox em Irving, Texas, encerra suas reuniões administrativas pedindo que todos os gerentes mencionem algo que tenham feito para agradecer aos seus colaboradores desde a última reunião. Além de estimular a troca de idéias práticas, ele lhes dá maior visibilidade, publicando os relatos no jornal dos funcionários.

Permitir que os colaboradores reconheçam uns aos outros nas reuniões corporativas também pode ser muito eficaz. A Petro Canada, uma grande empresa de energia sediada em

Calgary, Alberta, promove "sessões de enaltecimento" para deixar que os funcionários compartilhem o progresso que estejam fazendo, comparando-o com as metas estabelecidas pela gerência. As reuniões têm um toque de diversão e comemoração e estimulam as pessoas a dar continuidade aos esforços.

Muitas companhias organizam um jantar formal de premiação no fim do ano, o que, obviamente, cria muitas oportunidades de conferir destaque a indivíduos e grupos. Esses eventos podem ser animados por relatos sobre o sucesso das pessoas e os obstáculos que elas tiveram que superar para alcançar suas metas. Reserve um tempo em suas celebrações para agradecer à sua equipe pela dedicação e o desempenho. Fale também sobre as perspectivas e compartilhe sinais que você tenha visto de coisas boas que estão por vir.

A maioria das organizações também usa seu jornal interno para reconhecer o desempenho dos funcionários, agradecer às equipes de projetos e até mesmo para divulgar informações sobre os interesses e passatempos dos colaboradores.

Connie Maxwell, da West Des Moines Community Schools em Iowa, diz: "Publico as notas de outros departamentos que têm algo positivo a dizer sobre qualquer um de nós. Dessa forma, aqueles que trabalham comigo ficam mais inclinados a escrever uma nota para outra pessoa, o que culmina num compartilhamento de agradecimentos. Tornou-se motivo de orgulho divulgar uma mensagem que outros redigiram."

"Os líderes excepcionais esforçam-se ao máximo para aumentar a autoestima do seu pessoal. É incrível o que as pessoas são capazes de realizar quando acreditam em si mesmas."

– SAM WALTON (Fundador da Wal-Mart, Inc.)

Chris Giangrasso, diretor de administração e desenvolvimento organizacional da ARAMAK Corporation na Filadélfia, sugere a organização de um dia de reconhecimento para os funcionários que sejam merecedores. A empresa envia uma mensagem a todos os colaboradores anunciando a data e o motivo da homenagem. O escolhido recebe diversos tipos de presentes, entre os quais almoço grátis.

"Cabe a você decidir como falar com seu pessoal. Você destaca colaboradores dirigindo-lhes elogios e reconhecimento em público? Faça com que seus funcionários se sintam importantes."

— Mary Kay Ash (Fundadora da Mary Kay, Inc.)

Chris Ortiz, do Johnson Space Center da NASA em Houston, Texas, conta: "Depois de ler uma das primeiras edições de *1001 maneiras de premiar seus colaboradores*, criei um prêmio para todos os membros da minha equipe que me ajudavam. Chama-se 'Prêmio Muito Obrigado'. É uma nota de agradecimento enrolada em 10 barras de chocolate. O ganhador abre a nota e dá as barras de chocolate para os colegas que o auxiliaram."

Um funcionário do governo em Pensacola, Flórida, diz: "Sou gerente de manutenção e supervisiono 64 mecânicos de jatos para uma empresa que contrata pessoas para a escola de vôo da marinha dos Estados Unidos. Esses homens durões adoram quando eu coloco um cata-vento ou um balão no avião em que eles estão trabalhando para indicar que o motor passou em todos os testes com louvor."

Numa divisão da editora John Wiley & Sons, a Jossey-Bass, Inc., sediada em São Francisco, Califórnia, todos os funcio-

"Quando se trabalha num ambiente onde existe uma visão compartilhada de excelência, onde as pessoas podem dar o melhor de si todos os dias, onde sabem o que se espera que façam, onde entendem que o prêmio é ligado ao desempenho e onde acreditam que podem fazer a diferença porque serão ouvidas, elas de fato executam um trabalho excepcional. Superam nossas expectativas e coisas muito boas começam a acontecer."

– FREDERICK W. SMITH (Presidente da FedEx Corporation)

nários recebem desde o primeiro dia placas com seus nomes gravados. Elas são postas na porta da sua sala ou na sua mesa. Além de fazer com que o novato se sinta bem-vindo, isso também ajuda os colegas a se lembrar de seus nomes.

Sempre que possível, permita que os funcionários relacionem seus nomes ao trabalho que realizam. A Home Depot, Inc., rede de lojas de produtos para reforma e construção e outros itens para casa, sediada em Atlanta, Geórgia, inscreve os nomes dos colaboradores em placas com frases como "Esta sessão é mantida por Ana Cruz".

A Apple Computers em Cupertino, Califórnia, inscreveu as assinaturas de todos os profissionais que trabalharam no primeiro Macintosh no interior desse produto. Os colaboradores da Cooper Tire & Rubber Company, na Finlândia, têm permissão de carimbar seus nomes dentro dos pneus que produzem, de modo que possam receber reconhecimento por sua contribuição.

Quando a Southwest Airlines, sediada em Dallas, Texas, alcançou três metas de grande importância – melhor pon-

> **"Percebemos que nosso maior patrimônio era nosso pessoal e que nosso crescimento viria da valorização desse patrimônio."**
>
> – LARRY COLIN (Presidente da Colin Service Systems)

tualidade, melhor gerenciamento de bagagens e o menor número de reclamações por cliente –, a empresa dedicou um avião aos seus então 25 mil funcionários e colocou todos os seus nomes na parte externa dos compartimentos de bagagem.

A Federal Express em Memphis, Tennessee, escrevia em letras grandes no bico de cada novo avião que comprava o nome do filho de um colaborador. A companhia realizava um sorteio para escolher o nome e transportava a família da criança até uma fábrica para o batizado.

A Ford, a AT&T e a Meridian Health, em Nova Jersey, usam seus funcionários nos anúncios publicitários.

O som mais bonito: seu nome

- Use o primeiro nome da pessoa ao elogiá-la.
- Cumprimente os funcionários pelo nome ao passar por suas mesas ou quando os encontrar no corredor.
- Sempre que conversar com alguém sobre as idéias de um colaborador, tome o cuidado de lhe dar o devido crédito.
- Reconheça realizações individuais usando os nomes dos profissionais toda vez que elaborar relatórios de avaliação.
- Batize um prêmio de reconhecimento contínuo com o nome de um funcionário excepcional.

ESTUDO DE CASO SOBRE RECONHECIMENTO PÚBLICO

Numa divisão da Honeywell, Inc. em Minneapolis, Minnesota, as dificuldades financeiras estavam comprometendo seriamente a motivação e causando outros problemas. A empresa precisava reverter a situação, mas tinha que fazer isso com um orçamento muito apertado. Em busca de uma solução criativa, os executivos desenvolveram o programa "Destaques em Desempenho". Deborah van Rooyen, diretora do programa, conta: "Aquele setor buscava o máximo de realização por parte de seus colaboradores. Isso me fez pensar que um resultado desse tipo é proporcionado por profissionais excepcionais, o que dirigiu meu pensamento a personalidades extraordinárias com as quais todos nós estamos familiarizados."

Van Rooyen passou um mês na biblioteca local pesquisando a vida de figuras que haviam se destacado na política, na educação, no serviço social, nos negócios, na ciência e nas artes. Todos os indivíduos sobre os quais ela se informou apresentavam uma característica em comum: tinham conseguido superar obstáculos.

A idéia de Van Rooyen era organizar um programa em que as notórias realizações dessas pessoas fossem celebradas juntamente com o desempenho dos funcionários da divisão. Ela esperava que a possibilidade de serem citados como colaboradores excepcionais os inspirasse a se esforçar cada vez mais.

"A transformação começa com pequenas realizações, por isso nosso objetivo era expressar a idéia de que todo trabalho é importante. Por exemplo, queríamos estimular as secretárias a digitar uma carta somente uma vez e incentivar os membros do departamento de expedição a ser bastante cuidadosos para que nada se quebrasse, e assim por diante", diz ela.

A gerência aceitou a idéia e Van Rooyen trabalhou com líderes da divisão para finalizar uma lista de 40 celebridades de "Desempenho Excepcional", tomando o cuidado de incluir homens, mulheres, minorias e equipes.

Em seguida, foi realizada uma campanha com cartazes que apresentavam essas personalidades com citações memoráveis. Os funcionários foram convidados a indicar colegas que se destacavam em desempenho. Também se pediu a eles que justificassem suas escolhas. Um comitê de voluntários analisou as indicações. Todos os que foram mencionados receberam broches com a forma da letra G – de *great* (ótimo). Entre esses nomes selecionaram-se cinco que representavam o melhor exemplo do espírito do programa. Com base em entrevistas realizadas com essas pessoas, criaram-se histórias para serem usadas em cartazes que se assemelhavam aos das celebridades homenageadas. Cada um deles estampava a foto do colaborador, uma citação e uma descrição de suas realizações e contribuições.

"Os cartazes foram um modo visível de ajudar a elevar a auto-estima", diz Chuck Madaglia, gerente da divisão de relações públicas. "A idéia era pegar os funcionários realizando algo certo e fazer com que se sentissem bem com eles mesmos."

Registre o momento

- Faça um "Corredor da Fama" com fotos de funcionários excepcionais.
- Tire uma foto da pessoa sendo parabenizada pelo supervisor do seu gerente. Exponha as fotos dos destaques em desempenho numa área de grande visibilidade na empresa.
- Organize as fotos de um projeto bem-sucedido mostrando as pessoas que nele trabalharam, suas fases de desenvolvimento e sua finalização e apresentação.
- Crie um "anuário" para ser exposto no saguão, que contenha as fotos de todos junto com suas melhores realizações do ano.
- Elabore um pequeno livro de "Boas Tentativas" em reconhecimento aos colaboradores cujas inovações não alcançaram inteiramente seu potencial. Inclua o que tiver sido aprendido durante o projeto para que essas informações possam beneficiar outras pessoas.

A resposta foi extremamente positiva. Os destaques em desempenho tornaram-se celebridades corporativas da noite para o dia, e todos quiseram ser famosos também. Chances para isso não faltaram: cinco colaboradores foram escolhidos a cada mês ao longo de todo o ano de realização do programa. A motivação melhorou de forma significativa. A continuidade dessa iniciativa motivou as pessoas a mudar seus hábitos de trabalho.

Bob Gaundi, gerente de recursos do Mental Health Systems em San Diego, Califórnia, diz: "Certamente o reconhecimento dos supervisores é importante, mas o elogio dos colegas tem um peso maior. Por esse motivo permitimos que eles prestem reconhecimento aos companheiros por meio do nosso jornal interno mensal. Pedimos que escrevam uma declaração sobre os grandes esforços que tenham testemunhado. Todos os exemplos são publicados numa seção especial, e essa é sempre a primeira parte do jornal que os funcionários lêem."

- Apresente os altos executivos (presidente, vice e diretores) aos colaboradores e a equipes que tenham feito contribuições significativas.
- Use quadros ou cartazes para mostrar quanto um profissional ou um grupo estão se empenhando.
- Crie um prêmio do tipo "Por Trás das Câmeras" para aqueles cujas ações não tenham tanta visibilidade.
- Batize um espaço com o nome de um funcionário e coloque uma placa ("Corredor Cristina Lopes", por exemplo).
- Homenageie as pessoas que o tenham ajudado reconhecendo-as em reuniões tanto com a equipe quanto com seus pares e gerentes. Nessas ocasiões, mencione um trabalho notável ou uma idéia que lhe tenha sido apresentada por um colaborador.
- Valorize os funcionários que reconhecem os colegas.

Na Label House Group Limited, empresa de médio porte que atua no setor de soluções de identificação de marcas e embalagens, em Trinidad e Tobago, uma das formas mais freqüentes de reconhecer funcionários é por meio de seu jornal interno, na seção intitulada "Você foi flagrado fazendo a coisa certa". A cada três meses, os colaboradores que se destacam por exibir as atitudes e os comportamentos desejados ou por superar as expectativas de desempenho são mencionados e recebem brindes de reconhecimento, como mochilas térmicas.

> **"Todos aqueles que trabalham recebem um salário, mas nem todos recebem reconhecimento. É por isso que ele é tão importante para as pessoas."**
>
> – Bob Nelson

A Resident Home Company (RHC), entidade sem fins lucrativos que presta assistência a pessoas com problemas de desenvolvimento em Cincinnati, Ohio, organiza uma lavagem de carros trimestral para seus 200 funcionários (e o público em geral) na sexta-feira em que recebem seus salários. "Acreditamos que isso é uma ótima ferramenta motivacional – a equipe administrativa reserva três horas do seu dia para atendê-los como eles atendem os outros", diz Larry Mullins, diretor de recursos humanos. "Essa é também uma excelente forma de mostrar ao público que somos uma ótima organização para se trabalhar, e isso

- Apresente relatórios de avaliação periodicamente aos funcionários, reconhecendo o trabalho e as contribuições de indivíduos e grupos.
- Estabeleça um local para exibir memorandos, cartazes e fotos em reconhecimento ao progresso em direção às metas e em agradecimento a colaboradores específicos pela ajuda.

nos dá tempo para discutir nossa filosofia com as pessoas. Todos esses são aspectos importantes para uma instituição sem fins lucrativos, que depende de apoio financeiro e de ações voluntárias." A RHC promove ainda o "Dia da Massagem" duas vezes por ano, quando contrata um massagista para que os funcionários recebam 15 minutos desse serviço.

Parte II

RECONHECIMENTO INFORMAL INTANGÍVEL

Esta seção trata do reconhecimento informal que vai além do simples elogio. Ela diz respeito a aspectos como informações, apoio e envolvimento, autonomia e autoridade, folgas e horários flexíveis de trabalho, aprendizagem e desenvolvimento da carreira e disponibilidade e tempo do gerente – tudo isso apresentado em ordem de importância, como os funcionários assinalam. Surpreendentemente, essa categoria de atividades e conceitos nebulosos representa uma das maiores fontes de motivação para os colaboradores, pois ressalta a confiança básica e o respeito que definem a relação entre o profissional e seu supervisor.

Poucos gestores consideram os elementos intangíveis discutidos nesta seção um tipo de "reconhecimento", mas essas atitudes têm um peso cada vez maior para os colaboradores. Como observou o Dr. Gerald H. Graham, professor de Gestão na Wichita State University, "os gerentes descobriram que só o fato de pedir que os funcionários se envolvam já é um fator motivacional". E isso também ocorre quando se inclui um colaborador no estabelecimento de metas, dando-lhe uma escolha de tarefas e projetos, sendo acessível quando ele mais precisa e apoiando-o quando comete um erro.

As sugestões apresentadas serão ainda mais motivacionais se você compreender muito bem como e quando usá-las. Por exemplo, fazer com que um funcionário compareça a uma reunião em seu lugar pode, a princípio, parecer uma tentativa sua de evitar mais uma situação entediante (e talvez até seja). Porém, se você descrever essa tarefa como uma forma de reconhecimento e como uma oportunidade que a pessoa terá de adquirir conhecimento e ganhar visibilidade, esse gesto poderá funcionar como um grande fator motivacional.

Em minha pesquisa, assim como em outros estudos, o reconhecimento e as atividades de premiação *informais* revelam-se mais importantes do que as premiações formais. Sua presteza contribui para ressaltar a importância do comportamento ou da realização. Quando essa atitude parte de uma pessoa por quem o funcionário tem grande estima – seja seu gerente imediato, colega ou cliente –, isso ajuda a contextualizar o trabalho e a lhe dar um significado, o que conseqüentemente aumenta o sentimento de orgulho do colaborador e sua afinidade com a empresa.

Como ocorre com todas as formas de premiação e reconhecimento, as idéias apresentadas nesta seção e no restante do livro serão mais eficazes se forem adaptadas às preferências individuais dos funcionários. Para saber o que os motiva, você pode optar por conversar com eles de forma reservada ou fazer com que compartilhem essas informações com os colegas – isso permitirá que mais pessoas saibam como agradecer umas às outras nas atividades em equipe. Outra idéia é incorporar o reconhecimento em seus planos de trabalho perguntando: "Se atingirmos nossas metas (como concluir determinado projeto), o que seria gratificante para você (ou para o grupo)?" Há também a possibilidade de revezar a responsabilidade pelo reconhecimento entre os membros da equipe, deixando que cada um deles decida quem deve ser reconhecido, por que motivo e como.

A maioria das pessoas acredita que agir de modo espontâneo é o mesmo que agir sem planejar, no entanto é possível programar a espontaneidade. Na realidade, quanto melhor for o planejamento, maiores serão suas chances de aproveitar as oportunidades de reconhecimento que começarão a surgir – em vez de pensar depois por semanas ou meses que você "provavelmente deveria ter feito alguma coisa".

Informações, apoio & envolvimento

Muitos estudos motivacionais mostram que é típico dos funcionários valorizar bastante o fornecimento de informações a respeito do seu trabalho, do seu desempenho e da atuação da empresa. Dados desse tipo ajudam o colaborador tanto em termos emocionais quanto práticos. Ao se ver "por dentro" do que acontece, ele se sente como um membro importante da equipe – alguém que merece ser mantido informado. No nível prático, estar a par de tais informações contribui para que melhore seu desempenho no cumprimento de suas responsabilidades. Quando os dados são transmitidos de maneira pessoal e no momento apropriado, a experiência é ainda mais valorizada.

Em minha pesquisa, a categoria "informações, apoio e envolvimento" foi classificada como a mais importante para os funcionários. As ações citadas como muito ou extremamente importantes foram as seguintes: "o gerente fornecer informações das quais os colaboradores necessitam" (95%); "o gerente apoiar o funcionário quando este comete um erro" (95%); "o gerente pedir ao colaborador que dê sua opinião ou idéias" (92%); e "o gerente envolver o funcionário nas tomadas de decisão" (89%). Segundo uma pesquisa da Gallup, 61% dos entrevistados concordaram que tomar conhecimento das decisões da empresa era mais importante do que ter participação acionária na companhia.

"Uma pessoa que não recebe informações não pode assumir uma responsabilidade; o indivíduo que é informado não tem outra alternativa a não ser responsabilizar-se."

– JAN CARLZON (Presidente da SAS e autor de *A hora da verdade*)

A Air France e a Crillon Importers, importadora da vodca Absolut em Paramus, Nova Jersey, criaram o programa "Papo de Equipe", destinado a melhorar a comunicação entre funcionários e gerentes. Os colaboradores têm a oportunidade de ligar para um número gratuito para responder a pesquisas e deixar comentários e sugestões para os supervisores. Quem telefona ganha "pontos aéreos", que podem ser trocados por viagens pela Air France. Alguns participantes são premiados na hora com itens como equipamentos de som e telefones.

Para aumentar o moral de seus motoristas, que se sentem "por fora de tudo" pelo fato de estarem sempre longe do local de trabalho, a Barr-Nunn Transportation em Granger, Iowa, publica um jornal interno e distribui uma gravação de quatro horas contendo notícias do setor e da empresa, informações sobre benefícios e mensagens personalizadas, como notificações de aniversários. Desde que deu início a essa iniciativa, a companhia registrou uma redução de 35% na rotatividade de pessoal.

"Nada faz com que os funcionários desenvolvam mais respeito por si mesmos do que incluí-los no processo de tomada de decisão."

– JUDITH M. BARDWICK (Consultora administrativa)

A Hydraulic Specialty Company em Fridley, Minnesota, passou a compartilhar os resultados das vendas e da receita com seus funcionários. Agora, todos se empenham ao máximo sem nenhuma pressão da gerência, pois conseguem entender como as melhorias compensam o esforço.

A Enterprise Rent-A-Car, sediada em Saint Louis, Missouri, encoraja a rivalidade amigável entre suas filiais publicando os resultados financeiros de todos os escritórios e regiões. Woody Erhardt, gerente da filial de Nova Jersey, diz: "Estamos bem perto de superar o escritório de Middlesex. Se eles perderem, terão que dar uma festa para nós, e nós poderemos decidir o que eles vão vestir."

A Republic Engineered Products em Akron, Ohio, convida os funcionários a fazer apresentações nas reuniões corporativas. Os eventos são filmados e exibidos na reunião dos acionistas.

> **"Os melhores esforços são conseguidos acendendo-se uma fogueira dentro dos funcionários, e não embaixo deles."**
>
> – Bob Nelson

Shaheen Mufti, gerente da seção feminina de uma loja Emporio Armani em Costa Mesa, Califórnia, compartilha a seguinte "inovação" que ela adotou com um funcionário: "Quando tive que repreender mais de uma vez o mesmo colaborador porque ele estava fora dos parâmetros em termos de produtividade, assiduidade, respeito pelo código de vestuário e comportamento, fiquei tão frustrada que o levei para fora da loja e lhe disse de supetão: 'Estou muito decepcionada com você! Eu sei que você pode fazer este trabalho, mas está jogando fora todo o seu potencial.' Para minha surpresa, ele decidiu mostrar-se à altura da minha opinião positiva e tornou-se o melhor vendedor da loja no mês seguinte."

Robert Voyles, vice-presidente de serviços de marketing do Carlson Marketing Group em Minneapolis, Minnesota, acredita que "uma forma de assegurar que as pessoas se sintam mais felizes no ambiente de trabalho é garantir que elas tenham amigos ali". Esse é um dos motivos por trás do programa de indicação de novos colaboradores mantido pela empresa. Um funcionário recebe um pequeno prêmio sempre que alguém que ele indica é contratado e, depois, uma premiação maior quando o novato completa muitos meses de casa. "Sempre que alguém recomenda outra pessoa, sente-se orgulhoso e responsável pelo trabalho desse colega. Se o novato fizer besteira, isso se reflete no colaborador que o recomendou", diz Voyles.

> **"É muito estimulante quando a gerência mostra por meio de ações, e não por palavras, que você é um funcionário de valor, que sua contribuição é valorizada, seja qual for seu nível de atuação."**
>
> – Aaron Melick (Administrador de circulação e marketing da Playboy Enterprises)

Estudos mostram que receber atenção pessoal no novo emprego aumenta as chances de sucesso e contribui muito para o processo de socialização no ambiente de trabalho. Os novos funcionários da Syncrude, uma das maiores empresas de energia do Canadá, sediada em Edmonton, Alberta, contam com um mentor que os ajuda a lidar com qualquer dificuldade durante seu período de adaptação à nova posição. A Nokia Mobile Phones em San Diego, Califórnia, designa um "companheiro" para os novos contratados e, como manifestação de boas-vindas, presenteia cada um deles com uma caneca e uma camiseta.

> **"A contínua comunicação de apoio por parte dos gestores, gerentes e colaboradores quase nunca é valorizada. Trata-se de um enorme motivador."**
>
> – Jim Moultrup (Consultor do Management Perspectives Group)

A fábrica da Nissan em Smyrna, Tennessee, realiza programas de orientação para as famílias dos novos funcionários. Nesses eventos são servidos refrigerantes e é feita uma apresentação de slides sobre a empresa. Os participantes recebem copos com a estampa "Nissan". Na véspera do primeiro dia de trabalho de um novato, várias pessoas ligam para lhe dar as boas-vindas.

Na Honda em Marysville, Ohio, os funcionários são incentivados – e autorizados – a se tornar participantes ativos dos processos de tomada de decisão com seus supervisores. Donnie McGhee, assistente da gerência de relacionamento, conta: "Achei incrível chegar aqui e perceber o nível de envolvimento do colaborador em problemas e situações que, para mim, eram exclusi-

> **"Há seis meses venho visitando os locais de trabalho dos Estados Unidos, aplicando um simples teste que chamo de "teste do pronome". Faço algumas perguntas gerais aos funcionários da linha de frente a respeito da empresa. Se nas respostas a companhia é mencionada com o termo "eles", então sei que se trata de um tipo de organização. Quando as respostas são dadas com a palavra "nós", sei que se trata de uma espécie bem diferente de empresa."**
>
> – Robert Reich (Ex-secretário do Trabalho dos Estados Unidos)

vos do gerente. Existe um compartilhamento de responsabilidade entre esses profissionais. Eles estão juntos colocando a mão na massa, resolvendo dificuldades. Costuma ser difícil diferenciar um do outro."

ESTUDO DE CASO SOBRE COMUNICAÇÃO & ENVOLVIMENTO

Nos primeiros dois meses como gerente geral da nova equipe de produtos para cópia da Eastman Kodak em Rochester, Nova York, Chuck Trowbridge encontrou-se com praticamente todas as pessoas-chave em seu grupo e também com profissionais de outros setores da empresa que podiam ser importantes para o negócio. Trowbridge usou diversos recursos para destacar a nova direção: reuniões semanais com os 12 funcionários sob sua supervisão; realização de "fóruns mensais de produtos para cópia", dos quais participavam grupos formados por membros de cada um dos seus departamentos; reuniões trimestrais com os 100 supervisores para discutir melhorias recentes e novos projetos; e reuniões trimestrais sobre a situação dos departamentos – ocasiões em que seus gerentes debatiam com todos os colaboradores em seus próprios setores.

Uma vez por mês, Bob Crandall, um dos funcionários de Trowbridge e supervisor da organização de engenharia e manufatura, e todos os colaboradores que se reportavam a ele também se encontravam com 80 a 100 pessoas de algumas áreas do setor de produtos para cópia, com as quais discutiam tópicos de sua escolha. Todas as terças-feiras, Trowbridge e seus gerentes almo-

"Envolver as pessoas no negócio é a maneira mais eficaz de ter uma organização em que os funcionários conhecem mais, importam-se mais e fazem as coisas certas."

– Edward Lawler III (Professor da Universidade da Carolina do Sul)

çavam com diretores de sua principal empresa fornecedora. A criação mais recente desse executivo é o plano "reuniões de negócios" – nessas ocasiões, seus gerentes se reúnem com 12 ou 20 profissionais para debater um tema específico. O objetivo é levar, a cada ano, todos os seus 1.500 colaboradores a pelo menos um desses eventos focados em negócios.

Trowbridge e Crandall também usaram comunicações por escrito. O *Boletim de Produtos para Cópia*, contendo de quatro a oito páginas, era enviado aos colaboradores uma vez por mês. O programa "Cartas de Diálogo" deu aos funcionários a oportunidade de fazer perguntas de forma anônima com a garantia de que receberiam as respostas.

A forma mais visível e poderosa de comunicação escrita eram os gráficos. No corredor principal da empresa, próximo à lanchonete, enormes diagramas demonstravam nitidamente a qualidade, o custo e os resultados relativos a cada produto, comparando-os a metas difíceis. Cem pequenas versões dessas ilustrações foram colocadas em toda a fábrica para mostrar os níveis de qualidade e custos de grupos de trabalho específicos.

"Para criar vantagem competitiva no mundo empresarial, as organizações estão tentando fazer mais com um número menor de funcionários. Por isso, é imperativo que os colaboradores sejam premiados por usarem habilidades de resolução de problemas e de tomada de decisão. Não há atividade mais importante para uma organização."

– DAVID W. SMITH (Presidente da Action Management Associates)

Os funcionários da Federal Express contam com o programa "Tratamento Justo Garantido", que os estimula a expressar oficialmente uma reclamação se acreditarem que não foram tratados com justiça. Esse procedimento, desenvolvido com base numa política praticada no Mariott International, também se estende aos gerentes. Num dos casos, uma supervisora registrou queixa por ter julgado que uma promoção lhe fora negada com uma argumentação errada. Longe de ser punida por usar o programa, ela recebeu um prêmio de 5 mil dólares pela prestação de serviços excepcionais em sua nova posição gerencial dois anos mais tarde.

"A produtividade e o desempenho melhoram quando o trabalho é reorganizado para que os funcionários tenham treinamento e permissão para participar efetivamente das tomadas de decisão; quando recebem a garantia de que não serão punidos por expressar idéias de pouca aceitação; quando percebem que não perderão o emprego por contribuir com seus conhecimentos para melhorar a produtividade; e quando sabem que receberão a cota justa de qualquer ganho por desempenho."

– EILEEN APPELBAUM (Pesquisadora assistente do Instituto de Política Econômica)

Autonomia & autoridade

Dispor de autonomia e autoridade é um dos fatores motivacionais que os funcionários consideram essenciais. Em minha pesquisa, eles classificaram como muito ou extremamente importantes os seguintes aspectos: "o colaborador ter permissão para decidir qual a melhor forma de realizar seu trabalho" (89%); "o colaborador receber cada vez mais autonomia" (87%); "o colaborador dispor cada vez mais de autoridade no trabalho" (85%); e "o colaborador poder escolher suas tarefas" (67%).

Autonomia e autoridade criam a base da confiança e do respeito, que são altamente valorizados. Isso confere aos funcionários um senso de identidade e a *liberdade* de imprimir sua marca pessoal ao seu trabalho. A liberdade fomenta a criatividade, a desenvoltura e uma grande dedicação, o que, por sua vez, proporciona uma melhora do desempenho, bem como o aumento da satisfação e da gratificação com as tarefas que eles realizam. Dispondo de autonomia e autoridade, os colaboradores sentem-se mais confiantes para tomar iniciativas e têm certeza de que elas valerão a pena. Isso garante resultados mais significativos e faz com que as pessoas se sintam mais habilitadas a assumir tarefas e responsabilidades maiores.

Ninguém gosta de trabalhar para um gerente que não delega autonomia e autoridade – embora quatro entre cinco profissionais digam que vivem essa situação e um entre três tenha até mudado de emprego por causa disso. Para aproveitar o potencial dos funcionários ao máximo, é necessário dar-lhes mais espaço e incentivá-los a assumir responsabilidades e reconhecê-los por essa atitude quando agem assim.

Sempre que conceder autonomia, deixe claros os resultados que você espera ao delegar uma tarefa ou responsabilidade. Ainda assim, é importante que haja abertura e flexibilidade sobre a maneira como esses resultados podem ser alcançados, e ela pode ser diferente da sua própria abordagem. Dar autoridade a alguém corresponde a delegar o poder de agir em seu nome e em nome da organização, tanto para comprometer recursos quanto para fazer uma promessa a um cliente. A autonomia e a autoridade são conceitos que podem ser desenvolvidos ao longo do tempo com cada tarefa ou decisão em sua relação de trabalho – eles não surgem da noite para o dia. Isso dará a você e a seus colaboradores tempo para se tornarem mais confortáveis em seus respectivos papéis.

Por exemplo, um escritório da American Express em Phoenix, Arizona, ensina aos gerentes o conceito que eles chamam de "descreva e relacione" quando delegam um trabalho aos colaboradores. Os gerentes "descrevem" o que será feito, conversando sobre a tarefa, destacando sua importância e dizendo por que acreditam que o funcionário é uma boa escolha para executá-la. Depois, a "relacionam" a alguma coisa que consideram importante para o colaborador. O exemplo a seguir mostra muito bem esse processo.

"João, pensei na possibilidade de deixar você organizar o orçamento do próximo ano para nosso departamento. Nos anos anteriores, foi você quem me ajudou nisso. Agora achei que talvez eu pudesse auxiliá-lo enquanto você se encarrega dessa tarefa. Sinto que você aprenderia muito com esse trabalho. Além disso, como as habilidades para lidar com o orçamento são muito valorizadas nesta empresa, isso contribuiria para colocá-lo na fila para uma posição gerencial sobre a qual já conversamos e pela qual sei que você se interessa. Pense a respeito e diga-me se aceita assumir essa responsabilidade."

Para motivar os funcionários a tomar iniciativas pessoais e correr riscos sem medo de retaliação da gerência, Richard Zimmerman, presidente da Hershey Foods, em Hershey, Pensilvânia, criou um prêmio especial para as pessoas que encontrassem formas criativas de resolver os problemas. "Eu queria homenagear os colaboradores que estivessem dispostos a resistir ao sistema, exercitar um pouco o espírito empreendedor e defender uma idéia em que realmente acreditassem", diz ele.

"Enquanto não acreditarmos que o especialista em qualquer trabalho é a pessoa que o está executando, limitaremos para sempre o potencial desse profissional."

– Rene McPherson (Presidente da Dana Corporation)

A gerência da AT&T Universal Card Services em Sioux Falls, Dakota do Sul, permite que os próprios funcionários decidam se devem ignorar a cobrança de débitos atrasados ou aumentar limites de crédito ao conversarem com clientes por telefone. Com isso, os clientes ficaram mais felizes e a eficiência dos colaboradores melhorou, pois estes começaram a desenvolver um senso maior de controle sobre o trabalho que executam. Da mesma forma, na Container Store, sediada em Copell, Texas, os funcionários têm permissão para decidir quando reduzir os preços de produtos danificados.

As enfermeiras do Mercy Hospital em San Diego, Califórnia, foram autorizadas a realizar diversas atividades relativas aos pacientes que anteriormente só podiam ser executadas por técnicos especializados, como coletar sangue e fazer eletrocardiogramas. Essa mudança melhorou a assistência aos pacientes e permitiu que a gerência reduzisse os níveis de supervisão de seis ou sete para três ou quatro e diminuísse as descrições de cargos de 35 para quatro.

A equipe administrativa do Phelps County Bank em Rolla, Missouri, há muito tempo vem promovendo a autonomia dos funcionários, conferindo-lhes responsabilidade e autoridade para que tomem decisões. À medida que eles aprendem a resolver as questões sozinhos, o "Comitê de Resolução de Problemas" – formado para desatar nós e lidar com queixas – tem tido cada vez menos o que fazer.

"É preciso fazer com que as pessoas se sintam livres para agir, caso contrário se tornarão dependentes. Elas não precisam de ordens, mas de permissão."

– John R. Opel (Ex-presidente da IBM)

Na Xerox, sediada em Stamford, Connecticut, um centro de atendimento ao cliente transferiu para os funcionários as decisões a respeito dos horários de trabalho. Com as equipes no comando dessa questão, a empresa registrou maiores níveis de motivação, melhor atendimento ao cliente e uma redução de 30% nas faltas.

A Harley-Davidson em Kansas, Missouri, não apenas incentiva os trabalhadores da linha de produção a se expressar em suas equipes de trabalho e tomar decisões como solicita a eles que façam isso. As contratações na empresa são realizadas por meio do consenso dos grupos. Além disso, os colaboradores aprendem os trabalhos dos colegas e envolvem-se na resolução de problemas.

ESTUDO DE CASO N.º 1 SOBRE AUTONOMIA DOS FUNCIONÁRIOS

Na Johnsonville Sausage em Kohler, Wisconsin, os funcionários tomam todas as decisões sobre horários, padrões de desempenho, tarefas, orçamentos, medidas de qualidade e investimentos em equipamentos. As avaliações de desempenho são feitas por eles mesmos. Por exemplo, 300 assalariados preenchem formulários avaliando uns aos outros, usando uma escala de 1 a 9 em 17 áreas específicas agrupadas em três categorias: desempenho, trabalho em equipe e desenvolvimento pessoal.

As pontuações finais, nas quais não aparecem os nomes dos colaboradores, são passadas para uma equipe de participação nos lucros que estabelece cinco categorias de desempenho: um pequeno grupo de pessoas que se destacam por sua atuação (cerca de 5% do total), um grupo maior de trabalhadores que estão acima da média (em torno de 20%), um grupo mediano (cerca de 50% dos funcionários), um grupo abaixo da média (20%) e um pequeno grupo de indivíduos com um nível de atuação bem inferior e que correm o risco de perder o emprego.

Os lucros são divididos pelo número de trabalhadores para que se encontre a participação média, digamos 1.000 dólares. Os membros do grupo de destaque recebem um cheque com valor correspondente a 125% dessa importância (1.250 dólares). Aos colaboradores do grupo seguinte são destinados 110% (1.100 dólares), os que estão no grupo mediano ganham 100% (1.000 dólares) e assim por diante, até 900 e 750 dólares.

A satisfação geral com o sistema é muito alta, em parte porque os colegas o inventaram, o aplicam e constantemente o revisam num esforço para torná-lo mais eqüitativo.

"As pessoas querem se sentir autorizadas a encontrar melhores formas de realizar as coisas e se responsabilizar por sua própria área. Permitir que façam isso produz um grande impacto na forma como executam seu trabalho, bem como na sua satisfação com a empresa."

— James Berdahl (Vice-presidente de marketing da Business Incentives)

Na 3M, uma indústria de produção diversificada com vendas anuais de mais de 13 bilhões de dólares, sediada em St. Paul, Minnesota, a criatividade é um atributo altamente valorizado. A empresa não apenas permite como incentiva os técnicos a dedicar em média 15% do seu tempo a seus próprios projetos de pesquisa. Essa iniciativa propiciou o desenvolvimento de muitos produtos inovadores, como o *post-it*. Alguns colaboradores reservam 50% do tempo a seus projetos. Os funcionários têm permissão de gastar 100 dólares em qualquer idéia original ou processo relacionados ao seu trabalho sem a necessidade de aprovação. O sucesso dessa medida tem sido tão grande que os novos itens respondem por 30% das vendas de cada unidade comercial.

Na Chaparral Steel em Midlothian, Texas, os colaboradores dispõem de extraordinária liberdade e confiança para utilizar o dinheiro e os recursos da empresa na melhoria dos processos de trabalho. Por causa disso, dois funcionários do setor de manutenção conseguiram comprar as peças necessárias para inventar e construir um equipamento que prende os cabos de aço, a um custo de 60 mil dólares – quase 200 mil dólares a menos do que a companhia gastava com as antigas máquinas.

Na United Technologies Corporation, empresa aeroespacial sediada em Hartford, Connecticut, os funcionários envolvem-se com a organização de várias formas:

- Trabalhando juntos em forças-tarefa para resolução de problemas.
- Contatando diretamente os clientes, com o objetivo de identificar e corrigir problemas de qualidade.
- Presidindo reuniões para abordar questões de qualidade, produtividade, planos de equipamentos e relações com clientes.
- "Interrompendo a produção" quando a qualidade está aquém dos padrões.
- Participando ativamente das visitas às fábricas e das apresentações para clientes.
- Visitando os pontos-de-venda para aprender mais sobre os processos industriais dos fabricantes, a fim de melhorar a qualidade dos produtos adquiridos.

ESTUDO DE CASO N.º 2 SOBRE AUTONOMIA DOS FUNCIONÁRIOS

Quando Kip Tindell e Garrett Boone fundaram a Container Store em Copell, Texas, há mais de 25 anos, seu objetivo era administrar a empresa com as mesmas filosofias que usavam na vida pessoal. Embora não tivessem um negócio formal nem treinamento administrativo, decidiram "criar a melhor loja de varejo nos Estados Unidos" e oferecer aos clientes produtos de alta qualidade, excelente atendimento e preço justo.

Sua estratégia principal concentrou-se nos colaboradores, muitos dos quais começaram como ávidos clientes. A dupla toma o cuidado de só contratar profissionais dispostos a fazer a diferença com seu trabalho e, depois, lhes dá o máximo de autonomia. Isso se aplica até aos funcionários de meio expediente, a quem eles se referem como "o pessoal do horário nobre", pois estão lá quando mais precisam deles.

A cultura dessa organização é guiar os esforços de todos os colaboradores. Barbara Anderson, a primeira funcionária da empresa e diretora de cultura e educação corporativa, diz: "Toda companhia tem uma cultura. Pode não estar dando certo para você, mas sempre existe uma. Ela vem de dentro e leva tempo para ser criada." A cultura da Container Store tem sido perpetuada através da aplicação consistente de princípios fundamentais – conceitos simples, no entanto poderosos, que ajudam a moldar as atitudes e os comportamentos diários das pessoas.

Por exemplo, uma declaração atribuída ao magnata e filantropo Andrew Carnegie – "Encha as cestas das pessoas até a borda; assim, ganhar dinheiro se tornará um objetivo fácil de alcançar" – tornou-se a Regra de Ouro para o negócio, moldando as relações com os clientes, funcionários e fabricantes. Outro princípio, "O Homem no Deserto", usa a analogia de alguém perdido no deserto que pede água quando tem necessidades muito maiores, como transporte, abrigo, alimentação, conforto, etc.

"A intuição não ocorre numa mente despreparada", citação atribuída a Albert Einstein, é mais um princípio fundamental. Espera-se que os funcionários tenham obsessão de aprender para que estejam capacitados e dispostos a aplicar o que sabem à abordagem exclusiva baseada em soluções de auxílio aos clientes. Todos os colaboradores de tempo integral recebem 235 horas de treinamento no primeiro ano, além da oportunidade de serem premiados com instrução contínua adicional à medida que vão apresentando um bom desempenho.

"Crie um clima de entusiasmo" é também um princípio fundamental que coloca a responsabilidade pela energia das interações com os clientes totalmente nos ombros dos funcionários. Para ajudar a sustentar essa energia, os colaboradores contam com uma série de atividades e programas de reconhecimento.

A abordagem de Tindell e Boone funciona? Além de apresentar sucesso financeiro e uma substancial expansão, a Container Store tem se mantido no topo da lista das "100 Melhores Empresas para se Trabalhar nos Estados Unidos", da revista *Fortune*, desde o princípio. Eles descobriram que os profissionais verdadeiramente capacitados que têm liberdade de ação tornam-se funcionários interessados em fazer carreira, o que resulta em maior dedicação, menos rotatividade e maior sucesso. (A Container Store orgulha-se de apresentar uma taxa de rotatividade anual de 25% num setor em que esse índice costuma ser superior a 100% ao ano.) Não há dúvida de que os colaboradores são atraídos por uma organização na qual se sentem especiais – e os clientes se surpreendem positivamente ao vê-los pesquisar para compreender melhor suas necessidades e, depois, superar suas expectativas usando todos os seus conhecimentos sobre o produto e suas habilidades de vendas.

"A falta de poder corrompe. A absoluta falta de poder corrompe totalmente."

– ROSABETH MOSS KANTER (Consultora de estratégia da Harvard Business School)

Folgas & horários flexíveis de trabalho

Um prêmio dado com freqüência na maioria das empresas é a folga. Quer seja uma hora ou uma tarde, quer seja um fim de semana prolongado ou uma licença de seis meses, essa forma de reconhecimento é valorizada em todo o mundo por quem trabalha. Em minha pesquisa, os colaboradores classificaram os seguintes itens como muito ou extremamente importantes: "o funcionário ter permissão para sair mais cedo quando necessário" (85%); "o gerente oferecer horários flexíveis" (79%); "o gerente permitir que o funcionário tire folga" (76%); e "o funcionário poder compensar por horas extras trabalhadas" (66%).

Os profissionais de hoje não esperam ter que sacrificar a vida pessoal pelo trabalho. Na verdade, 83% deles dizem que gostariam de passar mais tempo com a família e que sua ocupação fosse uma complementação da vida que têm em casa. Os empregadores inteligentes sabem disso e tentam atender os funcionários ao máximo nesse sentido. Ajustar o horário de trabalho levando em consideração a hora do rush? Faz sentido. Dar folga para alguém cuidar de um filho doente ou comparecer a uma peça da escola? Sem problema. Alterar o expediente para tornar possível uma viagem no feriado? Vejamos o que podemos fazer. É claro que, se o colaborador se destaca por desempenho, é mais fácil concordar com solicitações desse tipo.

Uma colaboradora informou que estava passando por dificuldades em sua vida pessoal quando, no meio de uma reunião, seu gerente olhou para ela e disse: "Mary, quero que vá para casa, cuide do que tiver que cuidar e volte quando estiver em condições de fazer isso." Ela tirou alguns dias de folga para resolver as questões difíceis que estava enfrentando, voltou ao trabalho agradecida e concentrada – e jamais se esqueceu da consideração pessoal que seu gerente demonstrou.

Até que ponto a folga é valorizada? Numa pesquisa realizada pela Hilton Hotels Corporation, publicada pela revista *Entrepreneur*, 48% de 1.010 trabalhadores disseram que abririam mão da remuneração equivalente a um dia de horas extras por uma folga semanal adicional. (As respostas diferiram de alguma forma por sexo: 54% das mulheres aceitariam e 43% dos homens, não.)

Segundo Michael LeBoeuf, autor de *The Greatest Management Principle in the World* (O maior princípio administrativo do mundo), é possível usar a folga como prêmio de três maneiras:

1. Se o trabalho permitir, simplesmente dê uma tarefa às pessoas e um prazo, especificando o nível de qualidade que você espera. Se elas acabarem antes do combinado, conceda o tempo extra como prêmio.
2. Caso se trate de uma tarefa que demande a presença do funcionário durante todo o dia, especifique a quantidade de trabalho que você quer que seja realizada num tempo determinado. Se o colaborador a concluir dentro do prazo e de forma satisfatória, premie-o com uma tarde, um dia ou uma semana de folga. Você também pode estabelecer um sistema de pontuação no qual as pessoas ganhem uma hora de folga por manterem um certo rendimento por um período específico. Quando receberem quatro horas, elas podem tirar meio dia de folga; oito horas, um dia inteiro, e assim por diante.

3. Pelas melhorias na qualidade, na segurança, no trabalho em equipe ou em qualquer outro aspecto que você acredite ser importante, premie com uma folga.

"Quando criamos um local de trabalho desejável e encontramos boas formas de equilibrar o trabalho e a vida, atraímos e conservamos as melhores pessoas – e essa é nossa vantagem competitiva."

– Lewis Platt (Ex-presidente da Hewlett-Packard Co.)

Os gerentes das lojas Crate and Barrel em Houston, Texas, criaram um programa para seus colaboradores que dá direito a uma "hora de folga-surpresa". Uma vez por semana, cada supervisor escolhe um funcionário de vendas e assume seu turno por uma hora, dizendo: "Você tem trabalhado duro, e estou agradecido por isso – tire uma hora livre e volte revigorado e pronto para vender mais."

A Cygna Group, empresa de engenharia e consultoria em Oakland, Califórnia, concede o "Prêmio Tire o Resto do Dia de Folga". Após a conclusão de um grande projeto, por exemplo, um gerente pode dar espontaneamente o resto do dia livre aos colaboradores envolvidos.

De acordo com Michelle Gillis, gerente comercial da Career Track, que organiza seminários sobre gestão em Kansas City, Missouri, a empresa concede ao funcionário meio dia de folga remunerada, caso ele recomende uma pessoa que seja contratada e aprovada nos três meses de experiência.

Virginia Rego, vice-diretora da North Coast Distance Education School em Terrace, British Columbia, diz: "Como estamos numa escola pública, não dispomos de verbas extras para gastar em 'diversão'. Quando nossos colaboradores enfrentam uma semana particularmente agitada, costumamos mostrar nosso reconhecimento permitindo sua ida para casa na hora do intervalo da tarde de uma sexta-feira. Eu fico para manter as portas abertas e atender os telefonemas até a hora do fechamento. Nossos funcionários sempre fazem horas extras quando o dia está muito cheio, por isso autorizar sua dispensa uma hora mais cedo em alguns meses não é nenhum sacrifício para a escola, mas sem dúvida faz o maior sucesso com eles!"

"As empresas que não conseguem dar atenção às preocupações dos funcionários sobre sua vida doméstica farão apenas com que o comprometimento desses profissionais com a organização se enfraqueça. Aquelas que são proativas e ajudam seu pessoal a reservar tempo para a família serão premiadas com maior produtividade. Entre as formas de se fazer isso estão: adotar horários flexíveis, fornecer aconselhamento às pessoas, compartilhar o trabalho e empregar a política de portas abertas, que permite aos colaboradores sair às quatro horas da tarde ocasionalmente para uma consulta médica, para assistir aos jogos dos filhos, etc."

– Robert Carey (Revista *Performance*)

Um departamento da BlueCross BlueShield na Carolina do Norte concede meio dia ou um dia inteiro de folga em reconhecimento aos funcionários por variados tipos de realizações. Eles ganham certificados que podem ser apresentados quando desejam tirar um tempo livre. Sempre que concluem um curso, recebem uma "licença educacional" – uma semana a mais de folga por uma graduação e duas por uma formação mais avançada.

Folga

- Dê uma pausa extra.
- Conceda ao colaborador um intervalo de almoço de duas horas e pague pela sobremesa.
- Autorize almoços de duas horas por uma semana ou um almoço de duas horas uma vez por semana durante um mês.
- Permita que os funcionários tirem um dia de folga.
- Libere um fim de semana prolongado.
- Ofereça espontaneamente intervalos de folga por realizações específicas.
- Proporcione uma semana de folga a uma pessoa e organize as coisas de modo que o trabalho dela seja realizado.

A Dan Dipert Tours & Travel dá aos colaboradores dois dias livres em dezembro para que eles possam se dedicar às compras de Natal e aos preparativos das festas de fim de ano. Além disso, antes do dia 25, eles podem tirar mais folgas parcialmente remuneradas desde que haja pessoas suficientes para cobrir as faltas.

Na Johnson & Johnson, a incidência de faltas entre os funcionários que passaram a usar as opções flexíveis de trabalho e as políticas de licença familiar foi em média 50% menor do que a registrada entre os demais colaboradores.

Quando passou a oferecer horários flexíveis, a Rippe & Kingston em Cincinnati, Ohio, descobriu que é cada vez maior o número de colaboradores do sexo masculino que aproveitam a oportunidade de sair mais cedo para cuidar dos filhos ou de outros familiares.

A Pro Staff Personnel, uma rede de agências de serviços temporários, sorteou uma folga remunerada como parte da campanha para recrutar e manter funcionários. Todos os colaboradores que estavam com o serviço em dia puderam participar. O vencedor do sorteio recebeu duas semanas de folga e outros dois, uma semana. Jeff Dobbs, presidente da empresa, explica: "Nossa pesquisa mostra que a folga tem um grande valor para os colaboradores."

Na Merk Frosst Canada & Company, empresa farmacêutica em Kirkland, Québec, muitos profissionais se beneficiam de planos flexíveis que permitem a realização de tarefas em casa e o compartilhamento do trabalho. A companhia, que equipou suas instalações com uma lavanderia, um posto de correio, caixas eletrônicos e uma creche, está estudando a possibilidade de abrir também uma academia de ginástica para ajudar os 950 colaboradores a aliviar o estresse.

A firma de consultoria Accenture emprega uma política chamada "sete às sete": nas segundas-feiras, ninguém precisa sair de casa antes das sete horas da manhã, enquanto às sextas-feiras todos são incentivados a deixar a empresa num horário que lhes permita chegar em casa por volta das sete horas da noite.

Pilar Dailinger, mãe solteira de duas crianças pequenas, atua na área de marketing de uma divisão da Gandalf Technologies, Inc., empresa de computadores localizada em Irvine, Califórnia, que lhe dá permissão para trabalhar em casa dois ou três dias por semana. "Eu me levanto, verifico meu e-mail e depois dou o café da manhã para meus filhos", diz ela.

"As empresas inteligentes percebem que ajudar os colaboradores, especialmente quando eles estão atravessando um período estressante, é uma parte muito importante de uma boa liderança."

– Dra. Ann McGee-Cooper (Consultora)

"Trabalho enquanto eles estão na escola, coloco-os para dormir às oito e meia da noite e, em seguida, volto para o laptop. Tenho trabalhado mais horas agora do que quando estava no emprego anterior."

Os funcionários que lidam com os pedidos de indenização na Farmer's Insurance em San Diego, Califórnia, trabalham em casa, conectados à empresa. Eles recebem detalhes dos casos por e-mail ou por telefone, vão ao encontro do cliente para investigar os danos de propriedade e depois voltam para seus escritórios em casa, onde elaboram os relatórios. Laura Patefield diz: "Essa é a combinação perfeita de contato com o cliente e tempo sozinho para preparar a documentação. Ninguém me interrompe nem fica parado vendo o que estou fazendo. Eu não deixaria a Farmer's nem que fosse para ganhar mais em outro lugar!"

No escritório da Deloitte Touche Tohmatsu em West Palm Beach, Flórida, Ann Blanchard tem a liberdade de escolher entre horários integrais e de meio expediente para que possa se dedicar melhor à criação dos filhos pequenos. "Tenho muitas opções", diz ela. Para sua gerente, Susan Peterson, essa flexibilidade é a única saída: "Não dá para montar uma equipe de profissionais a cada ano."

"Um funcionário com uma boa vida familiar é mais saudável e mais produtivo."

– Sylvia Sepielli (Designer do Hyatt Hotels)

Os colaboradores da Northrop Grumman, empresa aeroespacial, e outros fornecedores do governo dos Estados Unidos em San Diego, Califórnia, trabalham nove horas por dia e, a cada quinzena, tiram a sexta-feira de folga. Pesquisas realizadas com seus funcionários indicam que esse esquema de horário é mais valorizado por muitos colaboradores – até mais do que seus planos de saúde – e tem um papel fundamental na retenção de pessoal.

A Workman Publishing, em Nova York, permite que os funcionários tirem uma folga ou numa segunda ou numa sexta-feira a cada mês entre maio e setembro, com a aprovação de seus supervisores. Dessa forma, eles podem desfrutar de finais de semana prolongados durante o verão.

"A idéia de proporcionar liberdade para nossos funcionários não é fruto de nenhuma elevação espiritual – é uma necessidade competitiva."

– Jack Welch (Ex-presidente da General Electric)

A Robert W. Baird, empresa de serviços financeiros sediada em Milwaukee, Wisconsin, oferece horários flexíveis de trabalho no verão e folgas nas tardes de sexta-feira. Muitos de seus colaboradores também adotam "esquemas mais livres", que incluem compartilhamento de trabalho, realização de tarefas em casa, horários flexíveis e meio expediente para que possam atender suas necessidades familiares. Mais de 20% dos colaboradores aproveitam as oportunidades de horários flexíveis.

A CDA Management Consulting, Inc. fecha por uma semana durante o verão somente para que seus funcionários passem um tempo com a família. Carolyn Pizzuto, presidente da companhia, afirma que a maioria dos clientes reage positivamente à mensagem gravada da empresa e dispõe-se a ligar de novo na semana seguinte.

Os funcionários da Container Store, sediada em Copell, Texas, podem tirar a licença sabática (educacional) depois de 10 anos de serviço na empresa. O McDonald's oferece uma licença de três meses após 10 anos de trabalho.

> **"Assim como o atendimento ao cliente e a qualidade, a premiação e o reconhecimento são altamente subjetivos. À medida que monitoram as necessidades variáveis dos clientes, os líderes eficazes tentam entender as mudanças de percepção e os valores de todos em sua organização."**
>
> — Jim Clemmer (Presidente do Clemmer Group)

Depois de sete anos na Intel Corporation em Santa Clara, Califórnia, os funcionários podem pleitear oito semanas de folga inteiramente remuneradas quando completam suas férias de três semanas. Eles têm ainda a opção de solicitar seis meses de folga remunerados para realizar serviços públicos, ensinar ou aproveitar oportunidades excepcionais de formação educacional.

Aprendizagem & desenvolvimento da carreira

Outra forma intangível de reconhecimento bastante valorizada são as oportunidades de aprendizagem e desenvolvimento. Em minha pesquisa, os funcionários classificaram os seguintes itens como muito ou extremamente importantes: "o gerente apoiar o aprendizado de novas habilidades" (90%); "o gerente discutir as opções de carreira com o funcionário" (81%); "o colaborador ter permissão para desenvolver atividades de aprendizagem" (79%); e "o gerente conversar sobre a aprendizagem após a conclusão dos projetos" (66%).

Segundo outra pesquisa, 87% dos trabalhadores americanos acreditam que o treinamento especial é um incentivo positivo – e esse aprendizado é considerado muito mais significativo pelos funcionários pós-graduados. Um prêmio de treinamento adicional tem dois propósitos: reforçar o comportamento desejável e ajudar o profissional a desenvolver habilidades para aprimorar suas qualificações. Como a maior parte desse processo ocorre no próprio ambiente de trabalho, esse meio proporciona uma grande oportunidade de se promover a aprendizagem.

Uma promoção ou um aumento de responsabilidade é um prêmio de longo prazo usado para reconhecer o desempenho duradouro de um colaborador. Pelo jeito, esse prêmio é subutilizado – num estudo, somente 22% dos entrevistados acreditavam que suas organizações empregavam o desempenho como base para a promoção, embora essa prática tivesse uma expressiva importância motivacional para eles.

A promoção não é a única forma de aumentar as responsabilidades e a visibilidade dos profissionais que se destacam por desempenho. É possível designá-los para o cumprimento de tarefas especiais: encarregá-los do treinamento de outros ou proporcionar-lhes um curso de treinamento avançado. Um funcionário que tenha uma atuação excelente pode servir também como um contato com o pessoal da matriz ou como mentor de outros departamentos. Caso haja problemas, preocupações ou projetos entre os departamentos, você pode formar uma força-tarefa e fazer com que seus "destaques em desempenho" o representem.

Procure todas as oportunidades de badalar seus "destaques em desempenho". Ao consultá-los, delegar-lhes tarefas especiais ou dar-lhes uma tarefa-prêmio, você está dizendo que os tem em alto conceito. Outros funcionários perceberão e desejarão o mesmo tipo de reconhecimento.

Se houver uma publicação interna na sua organização, incentive um dos seus "destaques" a escrever um artigo explicando alguns aspectos do negócio. Logo esses colaboradores compreenderão que, caso se superem, todos na empresa saberão quem eles são e respeitarão suas realizações.

A Cunningham Communications, escritório de relações públicas em Palo Alto, Califórnia, usa um método simples e

"Acho que o mundo empresarial reconhece cada vez mais que ter profissionais treinados, de boa formação e com as habilidades certas é importante para a manutenção dos grandes passos competitivos que demos nos últimos anos."

– Steven Rattner (Diretor administrativo da Lazard Freres & Co.)

poderoso para estimular os funcionários a permanecer estudando: eles lêem publicações do setor, jornais, revistas de negócios ou qualquer coisa relacionada a relações públicas por pelo menos uma hora por dia durante o expediente.

A Unitel Corporation, em Nova York, criou um programa de certificação de funcionários para motivar os colaboradores da linha de frente a melhorar o desempenho e para oferecer desenvolvimento educacional e outros serviços. Quando atendem critérios específicos determinados, os trabalhadores tornam-se candidatos a aumentos salariais. O programa se destaca sobretudo por focalizar aqueles que tenham cursado até o segundo ano do ensino médio.

"Temos o dever moral de tentar fornecer às pessoas as ferramentas para que elas atinjam metas difíceis. Não é justo não dar aos funcionários os meios para que eles realizem seu trabalho com sucesso e depois puni-los quando falham."

– Steven Kerr (Superintendente de aprendizagem do Goldman Sachs Group)

Na Shimadzu Scientific Instruments em Colúmbia, Maryland, o colaborador que apresenta um desempenho excelente é "promovido" a assistente especial do presidente por duas semanas. "Além de ser maravilhoso para o ego, isso vale a pena por proporcionar ao funcionário uma compreensão maior do negócio", diz Louis H. Ratmann, gerente administrativo.

A fábrica da Nissan em Smyrna, Tennessee, realiza o programa "Seja Versátil": quanto maior o número de trabalhos que uma pessoa executa em sua área, maior seu salário. A empresa oferece treinamento durante o expediente para os interessados em aprender novas habilidades.

A Advanta Corporation, que presta serviços financeiros em Horsham, Pensilvânia, reconhece as habilidades – e ajuda a desenvolver outras – pedindo aos funcionários que se destacam em desempenho que ajudem no treinamento de novos contratados e de colaboradores temporários.

A AT&T mantém um programa que permite a funcionários de diversas formações e com variados conhecimentos técnicos ou profissionais "vender" suas habilidades a diferentes departamentos para atividades de curto prazo. O programa tem aumentado a retenção e a satisfação dos colaboradores.

- **Delegue atividades especiais aos profissionais que mostram iniciativa.**
- **Peça a um funcionário que o ajude num projeto que seja um desafio real.**
- **Permita que um colaborador participe de uma força-tarefa com o presidente da empresa.**
- **Presenteie um membro da sua equipe com a assinatura de um jornal, revista ou boletim informativo.**

Na Ford Motor Company, os profissionais que servem como exemplo são premiados com uma estatueta inspirada no Inuksuk, um monumento de pedra criado pelos inuítes (povo esquimó que habita a região ártica do Alasca à Groenlândia). Cada estátua de pedra é exclusiva e pode ser feita de formas variadas. A premiação leva em conta a essência do que é necessário para se superar no mercado de trabalho atual: pessoas que ajudam constantemente as outras a se desenvolver e a melhorar; que são encorajadoras, honestas, animadas, afáveis, proativas e coerentes; e que exercem uma influência positiva na organização.

Qualquer colaborador pode concorrer a esse prêmio e todos os funcionários têm direito a fazer indicações. Por exemplo, uma gerente foi escolhida duas vezes no mesmo ano – primeiro pelo seu vice-presidente e depois por seu assistente administrativo. Além disso, toda pessoa que faz a indicação deve dizer o que aprendeu com o colega. Por meio dessas histórias, o processo de premiação não somente presta uma homenagem a esses profissionais como serve de veículo para uma troca cultural duradoura.

> **"Tanto os trabalhadores quanto os gerentes devem aprender e estar motivados a fazer isso. De fato, é muito valiosa a troca entre os colegas – ninguém conhece os detalhes e os problemas de um trabalho tão bem quanto aqueles que o realizam."**
>
> – Dr. Mitchell Rabkin (Presidente do Beth Israel Hospital)

ESTUDO DE CASO SOBRE PREMIAÇÃO PELA APRENDIZAGEM

Na Johnsonville Sausage em Kohler, Wisconsin, o aumento geral anual foi substituído por um sistema que remunera de acordo com a responsabilidade. À medida que as pessoas assumem novas obrigações – como elaboração do orçamento ou aplicação de treinamento –, elas ganham uma renda básica adicional. O esquema anterior premiava os colaboradores por comparecerem ao trabalho, independentemente da contribuição que davam, enquanto o novo sistema as encoraja a buscar responsabilidades adicionais.

A empresa destaca ainda uma equipe de desenvolvimento pessoal para auxiliar funcionários a planejar a carreira e a usar a organização para atingir as metas. Todos têm uma ajuda de custo educacional para empregar como quiserem. No início, alguns colaboradores fizeram aulas de culinária e de costura. Com o tempo, entretanto, mais pessoas se concentraram na aprendizagem relacionada ao trabalho. Hoje, mais de 60% de todos os profissionais da Johnsonville estão envolvidos em algum tipo de educação formal.

"Ajudar as pessoas a usar seu potencial é uma responsabilidade moral, mas é também um bom negócio", diz o presidente Ralph Stayer. "A vida precisa de aspirações. As pessoas que aprendem e se esforçam são felizes e trabalham bem. Mostram iniciativa e criatividade, e as empresas em que elas estão nunca são surpreendidas."

Doug Garwood, diretor de atendimento ao cliente e gestão de produtos da Collins & Aikman Floorcoverings, fabricante de carpetes em Dalton, Geórgia, conta o seguinte: depois que 80 funcionários passaram nos testes de certificação do ensino médio, a empresa organizou um almoço de formatura e os premiou com anéis.

"Pergunte às pessoas o que elas querem fazer. Com freqüência, quando surge uma nova tarefa, a delegamos ao colaborador errado, que não se sente empolgado com a iniciativa. Para solucionar isso, a gerência deve fazer uma sondagem com o pessoal e harmonizar as tarefas com os interesses. O local de trabalho oferece muitas oportunidades, e, quando as combinamos com as pessoas certas, os resultados são incríveis."

– CHERYL HIGHWARDEN (Consultora da ODT, Inc.)

Na Tektronix, Inc. em Beaverton, Oregon, os funcionários de todas as áreas elegem um representante de seu grupo de trabalho (um para cada 40 colaboradores). Uma vez por mês, cada equipe dispõe de 40 minutos, remunerados pela empresa, para participar de uma atividade organizada pelos representantes. Esses profissionais usam essas oportunidades para fazer com que todos aprendam mais a respeito de diferentes aspectos da organização. Promovem visitas a outras instalações da companhia, a um cliente ou a um fornecedor. Também costumam convidar um executivo sênior para falar sobre um assunto específico.

Mensalmente, os representantes de área – cerca de 300 – reúnem-se num fórum que discute um tópico de interesse geral. Os funcionários de toda a organização encaminham perguntas a seus representantes para que estes as repassem aos executivos que se apresentam nesses eventos. Uma vez por ano, a reunião de representantes é conduzida pelo presidente da companhia, que faz um discurso mostrando a situação da Tektronix. As indagações mais difíceis e as respostas dele são publicadas na edição seguinte do jornal semanal da empresa.

Os colaboradores da General Electric podem concluir o mestrado por meio de programas conjuntos com 24 universidades. Além disso, mais de 5 mil funcionários têm aulas todos os anos na própria escola de desenvolvimento de gestores da empresa.

"Sempre parta do princípio de que todas as pessoas desejam realizar um trabalho melhor e crescer."

— Steve Farrar (Vice-presidente da Wendy's International)

A Burger King financia as despesas com educação de seus funcionários depois que eles completam três meses de casa. Um franqueado pagou por um curso numa faculdade local para os colaboradores que trabalhavam de 10 a 15 horas por semana, dois cursos para quem cumpria de 16 a 25 horas e três cursos para os que ficavam em serviço de 26 a 40 horas.

A Cumberland Farms, uma rede de lojas de conveniência em Canton, Massachusetts, oferece reembolso por cursos superiores. Todos os colaboradores da Federal Express recebem reembolso educacional. A Steelcase faz o mesmo quando se trata de cursos relacionados ao trabalho. A Time Warner paga 100% dos cursos relacionados ao trabalho e 75% no caso de outros tipos de formação em instituições conceituadas.

Os funcionários de meio expediente que trabalham pelo menos 20 horas por semana durante dois anos nos restaurantes da rede Chick-fil-A, sediada em Atlanta, Geórgia, recebem

Cinco idéias para o desenvolvimento profissional

- Incentive os colaboradores a fazer um curso superior.
- Deixe que eles escolham o treinamento que desejam realizar.
- Antes que os funcionários iniciem o curso, encontre-se com eles para discutir o que você espera que aprendam. Depois que o concluírem, reúna-se novamente para saber como eles aplicarão o que aprenderam.
- Faça com que os colaboradores compartilhem com os demais membros da equipe o que aprenderam num seminário ou numa conferência.
- Crie planos de desenvolvimento individual, combinando as habilidades que a pessoa deseja aprender com as oportunidades disponíveis, incluindo potenciais avanços no trabalho.

uma bolsa de estudo de 1.000 dólares para a faculdade que escolherem. Também são concedidas bolsas de quatro anos no valor de 10 mil dólares. A empresa já destinou mais de 4,5 milhões de dólares a esse programa.

A Nucor Corporation, fabricante de aço em Charlotte, Carolina do Norte, oferece uma bolsa de ensino superior de 1.400 dólares anualmente para cada filho dos funcionários que estejam na empresa há pelo menos dois anos. Além disso, os cônjuges dos colaboradores podem receber 1.100 dólares anuais como ajuda de custo educacional por até dois anos.

Na Mary Kay, Inc., as despesas com ensino superior são reembolsadas numa escala móvel: 100% se o colaborador tirar A ou B nas provas e 75% caso tire C.

A Polaroid, sediada em Waltham, Massachusetts, dá atenção especial à educação continuada. A empresa paga 100% dos cursos relacionados ao trabalho feitos pelos funcionários e oferece mais de 100 cursos internos.

A Reader's Digest em Pleasantville, Nova York, concede um reembolso de 100% para os cursos de graduação e programas de certificação que aumentem a eficácia no trabalho, de 75% para cursos realizados numa instituição conceituada que não sejam relacionados ao trabalho e 50% para qualquer outro tipo de programa educacional e aulas de interesse pessoal – dos Vigilantes do Peso à culinária. A empresa oferece ainda seminários de bem-estar e aulas de ginástica em suas próprias instalações.

Premie os funcionários de excelente desempenho com treinamento

- Envie os colaboradores a eventos – seminários especiais, workshops ou reuniões fora da empresa – que tratem das áreas sobre as quais eles se interessem.
- Encaminhe os novatos a um curso que enfatize comportamento, habilidades interpessoais e relacionamento com clientes.
- Dê a todos os colaboradores de tempo integral a oportunidade de fazer um curso de qualidade ministrado na companhia.

Disponibilidade & tempo do gerente

Uma categoria final de reconhecimento intangível é o acesso à gerência, que vai do supervisor imediato, passando pela administração superior, até o presidente. Os colaboradores classificaram os seguintes aspectos como muito ou extremamente importantes: "o gerente estar disponível para abordar as questões e preocupações" (90%); "o gerente reservar tempo para conhecer o funcionário" (68%); "o gerente passar um tempo com o colaborador" (43%); e "o gerente escutar o funcionário em assuntos não relacionados ao trabalho" (35%).

Embora a maioria das empresas adote a política de portas abertas – pela qual os colaboradores são incentivados a levar ao conhecimento dos gerentes questões e sugestões –, ela não vale muito se os gestores não forem receptivos ou estiverem ocupados demais para dar prioridade ao caso. A disponibilidade e o tempo do supervisor mostram aos funcionários que eles são importantes para o gerente e, desse modo, para a organização. Ela diz implicitamente: "Tenho milhares de coisas a fazer, mas nenhuma delas é mais importante do que estar bem aqui, neste momento, falando com você."

> **"A motivação do funcionário é o resultado direto da soma das interações com seu gerente."**
>
> – Bob Nelson

Sue Copening conta que há muitos anos aprendeu da pior forma uma lição importante sobre escutar com atenção. Isso ocorreu na época de sua promoção a gerente de loja numa rede varejista. Ela não estava dedicando nenhum tempo a ouvir verdadeiramente seus funcionários. Quando dois colaboradores pediram demissão em poucas semanas, um deles teve coragem de lhe dizer que ela estava criando um ambiente hostil. Sue percebeu que precisava arranjar tempo para escutar as preocupações da equipe. Agora ela afirma: "Noventa e cinco por cento do trabalho gerencial envolve sensibilidade com os profissionais e a manutenção da sua satisfação. É mais fácil mudar seu próprio comportamento do que esperar que as pessoas se ajustem a você."

Como parte do "Dia do Contato", promovido pela Hyatt Hotel Corporation, sediada em Chicago, Illinois, os 375 funcionários da matriz – da expedição à sala executiva – foram às propriedades da Hyatt em todo o país para prestar atendimento aos hóspedes. Jim Evans, vice-presidente comercial, passou várias horas fazendo sinal para táxis, carregando bagagens e recebendo gorjetas na entrada do Hyatt Regency em Chicago; Darryl Hartley-Leonard, presidente da Hyatt, serviu almoço no refeitório dos funcionários, chamou táxis, encarregou-se do registro de hóspedes na recepção e trabalhou no bar. "Estamos todos empenhados em alcançar o mesmo objetivo, mas, depois que assumimos cargos mais altos, acabamos nos esquecendo de como são as coisas", diz ele. "Após um dia como aquele, sabemos o que os colaboradores da linha de frente realmente passam."

"A melhor forma de motivar uma pessoa é escutá-la com atenção."

– Roy Moody (Presidente da Roy Moody & Associates)

Um ex-gerente da University Associates, sediada em Tucson, Arizona, sempre se ofereceu espontaneamente para atender as chamadas telefônicas, com o objetivo de ajudar a recepcionista em reconhecimento ao seu empenho. Essa ação apresentava três benefícios: manter o contato com os funcionários da linha de frente, escutar os clientes e seus interesses em primeira mão e premiar a recepcionista com uma folga.

Para demonstrar confiança em seus colaboradores, todos os gerentes da gráfica Quad/Graphics, em Pewaukee, Wisconsin, deixaram as instalações da empresa por 24 horas. As operações normais de impressão continuaram enquanto os gerentes faziam reuniões e depois visitavam o Museu de Arte de Milwaukee. Posteriormente, a companhia ampliou o período do evento para dois dias e três noites, incluindo seminários administrativos numa faculdade local. Na ocasião, os gerentes não podiam entrar nas áreas de impressão, exceto se um funcionário solicitasse seu comparecimento por causa de uma emergência, o que nunca aconteceu.

> **"Ter acesso à gerência superior é importante para os funcionários em termos de como eles se sentem em relação à empresa e como vêem a si mesmos. Quando sabem que aqueles que tomam as decisões são acessíveis, os colaboradores percebem que suas idéias são valorizadas. É o máximo saber que as pessoas, em todos os níveis hierárquicos, estão apoiando nossas ações."**
>
> – Darrel Mell (Vice-presidente de telemarketing da Covenant House)

Combater e eliminar boatos é um problema corporativo desafiador, mas na SCOOTER Store, sediada em New Braunfels, Texas, é tudo um jogo. Durante as reuniões gerais, o presidente Doug Harrison às vezes pega um balde cheio de brindes para brincar de "Jogo da Fofoca". Os funcionários são premiados por contar aos presentes um boato que tenham ouvido no escritório. As histórias mais cabeludas ganham os melhores prêmios. Com isso, Doug tem a oportunidade de responder pessoalmente às balelas de forma sincera, honesta e divertida diante de toda a empresa.

Uma gerente da Motorola premiou os colaboradores que se destacaram em desempenho com uma atenção especial. Ela convidou um grande número de engenheiros, mestres em administração, vendedores e a equipe de atendimento ao cliente a passar uma hora no almoço refletindo sobre seus problemas profissionais mais complicados e pensando nas soluções. As pessoas adoraram essa atitude de consideração, e as dificuldades também foram superadas.

Todo mês, a Integrated Marketing Services em Princeton, Nova Jersey, convida os colaboradores a participar de uma reunião na qual a gerência discute o desempenho atual e os planos para o futuro e, depois, responde às perguntas do grupo. A administração solicita também aos funcionários que expressem queixas sobre o que quiserem.

Graças ao programa "Funcionário do Dia", qualquer colaborador da Rosenbluth International, na Filadélfia, pode passar um dia com o presidente. Duas vezes por ano, a empresa reúne os colaboradores para discutir questões relacionadas ao ambiente de trabalho. Todo novato fica dois dias na matriz conhecendo os gerentes e encenando situações que ilustrem

- Faça com que os gerentes visitem as áreas onde são realizadas as vendas e conversem informalmente com cada funcionário.
- A cada três meses, escolha de 10 a 12 colaboradores para jantar com os executivos.
- Peça ao presidente da empresa que realize um café da manhã ou um almoço mensal com um profissional de cada departamento, alternando os funcionários até que todos tenham tido a chance de participar.
- Encontre-se para um papo informal com cada um de seus colaboradores pelo menos uma vez por semana, para descobrir em que aspectos do trabalho eles se concentram e como você pode atendê-los melhor.

experiências de bom atendimento. Os executivos também servem o chá da tarde para os novos contratados. Pode-se falar com o presidente por meio de um número gratuito – ele recebe de sete a oito ligações por dia.

> **"O líder precisa estar em contato com os funcionários e comunicar-se com eles diariamente."**
>
> – Donald Petersen (Presidente da Ford)

Uma vez por ano, o presidente da H. B. Fuller, fabricante de colas, adesivos e seladores, sediada em St. Paul, Minnesota, coloca-se à disposição de todos na empresa por meio do programa "Linha Direta com o Presidente". Qualquer um pode lhe telefonar nesse dia para dar sugestões de melhorias para os produtos ou para falar sobre qualquer outra coisa. Geralmente são feitas de 40 a 50 ligações.

> **"Escute com toda a atenção, procure o melhor nos outros, tenha senso de humor e agradeça por um trabalho bem-feito."**
>
> – Paul Smucker (Ex-presidente da J. M. Smucker & Co.)

Na American General Life and Accident, companhia de seguros em Nashville, Tennessee, 12 funcionários são escolhidos aleatoriamente todo mês para se encontrar com o presidente e discutir questões de interesse corporativo.

Os escritórios da editora Knight-Ridder realizam "intervalos administrativos para um cafezinho" durante os quais todos os editores se encontram com 20 a 25 funcionários por uma hora e meia e tomam café. A reunião administrativa de fim de ano é realizada num amplo saguão para que todos os colaboradores possam comparecer.

Na Hyatt Hotel Corporation, sediada em Chicago, Illinois, "os funcionários têm a obrigação e o direito de se comunicar com os gerentes", diz Myrna Hellerman, vice-presidente de recursos humanos. Todo mês a empresa realiza os "Bate-papos Hyatt", ocasiões em que o diretor se senta com um grupo selecionado aleatoriamente para uma conversa informal sobre operações e procedimentos. Os colaboradores levantam questões e problemas que eles consideram importantes e, em uma semana, um membro do comitê executivo do hotel investiga a questão e responde por escrito. "Queremos que as pessoas pensem no hotel como 'meu hotel', um lugar onde desejam trabalhar, e esses papos incentivam o espírito de família que tentamos manter", diz ela.

O McDonald's estimula os franqueados a realizar sessões de comunicação com os funcionários a cada três meses. Geralmente, o dono da loja reúne-se com um grupo de representantes dos colaboradores e ouve sugestões e queixas. "Coisas como realinhamento de equipamentos e mudança de procedimentos ocorrem o tempo todo em atendimento às suas solicitações", diz Dan Gillen, diretor de pessoal. O McDonald's fornece a todos os franqueados um manual que contém diretrizes básicas de programas de incentivo que eles podem adaptar para seus próprios estabelecimentos.

Parte III

RECONHECIMENTO & PREMIAÇÕES TANGÍVEIS

Na maioria das vezes, quando se fala de reconhecimento e premiações, imediatamente se pensa em *itens* como troféus, placas e certificados. Formas tangíveis e individuais de reconhecimento – e outras que têm valor monetário – constituem as categorias desta seção: prêmios para colaboradores excepcionais e por realizações de destaque; dinheiro, substitutos do dinheiro e vales-brinde; presentes nominais, produtos e alimentos; privilégios, benefícios ocasionais e serviços para os funcionários.

Premiações desse tipo oferecem muitas vantagens. Elas têm um "valor de troféu" – representam um lembrete concreto da realização. E são mais valorizadas do que o dinheiro quando dado sozinho. Segundo o estudo "Pessoas, Desempenho e Pagamento", realizado pelo Centro Americano de Produtividade em Houston e pela World at Work, são necessários entre 5 e 8% do salário de um colaborador para se obter uma mudança de comportamento se o prêmio for em dinheiro e em torno de 4% se não for. Os objetos têm um valor residual sobre o dinheiro e até mesmo sobre uma viagem, pois servem como lembrança de como foram ganhos. Às vezes, um prêmio informal concedido uma única vez pode apresentar um resultado tão bom que se torna mais formal, regular e amplamente usado e respeitado em toda a organização.

Quer sejam cartões de agradecimento, pequenas lembranças, broches, certificados, troféus passados de um colaborador a outro, presentes engraçados, vales-brinde, cupons de descontos, entradas para cinema, prêmios dados na hora ou produtos mais substanciais, o essencial é dispor de itens práticos para prestar agradecimento e reconhecimento às pessoas que requerem o mínimo de acompanhamento e avaliação. Esses objetos podem estar disponíveis a todos os gerentes ou customizados para uma área específica da organização, como é o caso do "Baú do Tesouro", da Chevron Texaco, que os supervisores podem abrir para que um colaborador de alto desempenho escolha um presente no ato.

Para aproveitar os benefícios dos itens de reconhecimento tangível, procure *personalizar* os prêmios e criar um *contexto público* quando os conceder. Coloque o nome da pessoa no objeto – e talvez a logomarca da empresa – e tire uma foto do momento da entrega. Faça com que o presidente da organização se encontre com os homenageados para estabelecer também um reforço social. Caso esteja agradecendo à sua equipe de trabalho com um presente, considere acrescentar uma nota pessoal para cada colaborador, pois isso refletirá a contribuição de todos eles para o sucesso dos esforços do grupo.

Contextualizar é uma forma de conectar o prêmio a um significado maior com o qual mais pessoas podem se identificar. Relacione o reconhecimento aos valores da organização, aos objetivos estratégicos da empresa ou ao significado de trabalho em equipe que você venha tentando construir no seu departamento. Suas palavras podem ser: "Esta grande comemoração está sendo possível porque, mais uma vez, tivemos um ótimo ano e não teríamos conseguido isso sem a dedicação e o compromisso das pessoas que estão nesta sala." Isso dará ao prêmio ou à atividade um sentido mais amplo que reflete tanto o passado quanto o futuro. O reconhecimento é direcionado à pessoa homenageada, porém também se destina a todos os presentes. Assim, crie um significado que seja importante para todos.

Funcionários excepcionais & prêmios por realizações

As formas tradicionais de reconhecimento incluem em geral prêmios para colaboradores excepcionais e por realizações de destaque, que são sempre acompanhados por itens como troféus, placas ou certificados. Em minha pesquisa, 54% dos funcionários classificaram o "prêmio por uma realização especial" como muito ou extremamente importante e 43% disseram que os "certificados de realização" têm a mesma importância. Os prêmios para os profissionais extraordinários costumam se basear num processo formal de seleção para garantir o máximo de objetividade. Eles podem ser concedidos como mérito por uma única ação ou pelo desempenho da pessoa ao longo do tempo. Em geral, adquirem um significado maior quando são escolhidos pelos próprios colegas do homenageado – e não apenas pela gerência – e quando não existe cota para o número de ganhadores.

Tom Tate, gerente da divisão de pessoal e treinamento do Escritório de Gestão de Pessoal do governo federal em Washington, D.C., conta a história do "Prêmio Asas Abertas". Pela primeira vez, o supervisor da divisão entregou uma bela placa ao "Funcionário-padrão". Depois, esse colaborador passou o prêmio adiante para outro profissional que, em sua opinião, o merecia verdadeiramente. A placa acabou adquirindo valor e prestígio porque era concedida por um colega. O ganhador pode guardá-la até que esteja pronto para dá-la a outro "Funcionário-padrão". Cada vez que o prêmio troca de mãos, realizam-se uma cerimônia e um almoço.

Um gerente regional da Hallmark criou certificados de realizações para todos os membros de sua equipe, citando um atributo especial de cada pessoa, como: "por sua persistência", "por conseguir fechar um contrato de grande valor" ou "por colocar a mão na massa para ajudar os outros – e sempre com um sorriso". Enquanto ele lia essas frases em voz alta numa comemoração de fim de ano, os funcionários tinham que adivinhar a quem elas se referiam. Foi uma divertida experiência de integração para todos.

"As pessoas precisam ser reconhecidas e premiadas por esforços especiais. Nem é necessário lhes dar muito. O que elas querem é uma prova tangível de que você se importa de verdade com o trabalho que realizam. É exatamente isso o que o prêmio simboliza."

– Tom Cash (Vice-presidente sênior da American Express)

No Citibank em Oakland, Califórnia, os clientes (e os próprios colaboradores) podem premiar funcionários e também lhes agradecer com vales-brinde. No início do programa, muitas pessoas ficaram tão felizes pelo reconhecimento que, em vez de trocarem os cupons imediatamente por produtos, preferiram exibi-los nas paredes da sua sala.

A Lands' End, revendedora de roupas sediada em Dodgeville, Wisconsin, concede o "Prêmio Mente Grande" para home-

"Quando a compensação básica é adequada, é preciso algo extra e tangível para motivar as pessoas a melhorar seu desempenho."

– Revista *Incentive*

nagear as pessoas que empregam seus conhecimentos ajudando na realização de uma tarefa de última hora, participando de um projeto que exija sua presença após o fim do expediente ou recomendando um ótimo candidato a uma vaga. Todo mês, os colaboradores que comparecem à reunião da divisão indicam alguém depositando o nome da pessoa numa urna. (Eles também podem preencher um formulário on-line antes do encontro.) No fim do evento, um nome é sorteado. O felizardo participa do jogo "Adivinhe o Preço", que lhe dá a chance de ganhar tanto objetos valiosos quanto brindes mais simples. Todos os indicados recebem uma cópia da indicação junto com um prêmio especial. As indicações são exibidas durante um mês no website dos serviços de funcionários.

"Você recebe o que premia! Saiba o que você quer receber e premie ou reconheça as pessoas para conseguir o que deseja."

– Bob Nelson

O prêmio mais popular na Synovus é o "Grande Estatura", concedido a cada três meses a funcionários que vão além do que se espera deles e realizam mais do que as atividades relativas às suas funções. As indicações partem dos colegas e os vencedores são escolhidos por um comitê especial. Os prêmios são entregues pelo presidente e por outros executivos seniores durante um almoço. Cada ganhador recebe 100 dólares, mais um dia de férias e um curioso flamingo de gravata-borboleta. Os colaboradores exibem orgulhosamente os flamingos em suas estações de trabalho, incentivando os outros a conquistar o prêmio também.

"As pessoas querem aprender coisas novas, sentir que contribuíram – que estão executando um trabalho de valor. Poucas são aquelas que se motivam apenas pelo dinheiro. Elas desejam sentir que o resultado de suas ações faz diferença no mundo."

– Frances Hesselbein (Presidente da Leader-to-Leader Foundation)

Na Robert W. Baird, empresa de serviços financeiros sediada em Milwaukee, Wisconsin, os colaboradores dão aos colegas o "Prêmio Blue Chip" como demonstração de admiração por uma boa atuação. Os ganhadores recebem uma pequena nota de seus pares com a frase "Em reconhecimento por um trabalho bem-feito". Esses prêmios são concedidos pelo gerente durante uma reunião do departamento para que os companheiros possam aplaudir os vencedores. Muitos homenageados exibem essas conquistas em suas mesas. Em alguns setores, há espaço na parede para que eles pendurem as notas. Os 2% de profissionais agraciados com o "Blue Chip" são reconhecidos nas reuniões anuais gerais. A Robert W. Baird realiza ainda o programa "Funcionário do Mês" para destacar aqueles que contribuem significativamente para os clientes e para a empresa. As indicações e a entrega da homenagem são feitas pelos colegas. O eleito ganha flores, 100 dólares em dinheiro, um vale para um jantar a dois, uma peça de roupa, o certificado "Funcionário do Mês" e um troféu que ele pode manter na mesa durante 30 dias. Sua conquista é registrada com destaque no jornal on-line da companhia.

Na Emerson Process Management Power e na Water Solutions, os funcionários conferem o "Prêmio Estrela Ascen-

- Crie um prêmio especial para realizações grandiosas e dê-lhe um nome ("Prêmio Gorila", por exemplo).
- Estabeleça um prêmio para os colaboradores que não se limitam a executar somente o que diz respeito às suas funções.
- Peça às pessoas que votem no gerente, diretor, funcionário e novato do ano.
- No estacionamento, reserve a vaga mais próxima à entrada da empresa ao "Funcionário do Mês".

dente" aos colegas que realizam um bom trabalho. Depois que eles digitam uma breve descrição das realizações da pessoa na página "Estrela Ascendente" na intranet da empresa, um formulário de premiação preenchido com a indicação é enviado eletronicamente para o colaborador com cópia para seu supervisor. Ao homenageado cabe escolher uma opção entre prêmios de 5 a 12 dólares, como entradas para cinema, lavagem de carro, cupons de gasolina, vales-compra ou vales-restaurante. Ele também pode receber o broche que tem o mesmo nome do prêmio e que muitos colocam em suas estações de trabalho como distintivos de honra.

"Compensação é o que você dá às pessoas por realizarem o trabalho que elas foram contratadas para fazer. Reconhecimento, por outro lado, celebra uma iniciativa que extrapola seu campo de atividades."

– Extraído de "How to Profit from Merchandise Incentives" (Como lucrar com incentivos em produtos), suplemento especial da revista *Incentive*

Todo ano, a CEDRA, empresa química de análises biológicas, concede o "Prêmio Grandes Nomes" aos funcionários que mostram ter atitude e potencial para liderança. Eles precisam ser indicados pelos "grandes nomes" já existentes e aprovados pela gerência mediante critérios rigorosos de seleção.

"O que faz com que os funcionários se envolvam com o trabalho é um senso de orgulho, reconhecimento e realização. Profissionais comprometidos com suas atividades e reconhecidos pelo que realizam trabalharão o número de horas que for preciso para dar conta de suas tarefas."

– Thomas Kelley (Presidente do conselho da Society for the Human Resources Development)

O "Prêmio Lenda" é a mais alta honraria que um funcionário da Alaska Airlines pode receber. Ele deve demonstrar uma combinação exclusiva de entusiasmo, criatividade, integridade, profissionalismo e zelo. Anualmente, cada nova turma de homenageados (de 8 a 12 colaboradores) entra para o "Corredor da Fama da Alaska Airlines" e participa de um almoço comemorativo com convidados, colegas e gestores. Cada uma das "lendas" recebe também o troféu Esfera, pintado à mão.

A Avis Rent A Car utiliza vários programas de reconhecimento, como o "Prêmio Destino Excelência", que é concedido aos funcionários que refletem os valores da empresa em seu relacionamento com os clientes e que tenham exercido um impacto significativo e mensurável no negócio. O prêmio mais alto é dado pelo comitê executivo ao colaborador que tenha oferecido a contribuição mais significativa à companhia.

A Ziff Davis em La Jolla, Califórnia, concede o "Prêmio Intrépido" a qualquer colaborador que realize algo inovador ou muito útil que não faça parte das atividades relativas à sua função. Os nomes dos ganhadores são regularmente divulgados por e-mail em toda a empresa.

A Nordstrom, Inc., rede de lojas de departamentos sediada em Seattle, Washington, premia os profissionais que tenham superado significativamente suas metas. O colaborador recebe um certificado, um novo cartão de visita com a inscrição "Modelo" e um jantar para dois, com direito a dança e entretenimento. Ao longo de um ano, o homenageado tem direito a um desconto de 33% em todos os produtos da empresa, 13% a mais do que o abatimento de praxe para funcionários.

"Quando as pessoas são tratadas como o motor principal, e não como peças intercambiáveis de uma máquina corporativa, há um aumento substancial da motivação, da criatividade, da qualidade e do compromisso com a implementação."

– ROBERT H. WATERMAN (Diretor do Waterman Group e autor de *O fator renovação*)

Na Ceramics Process Systems Corporation em Chartley, Massachusetts, o "Prêmio Desempenho Além das Expectativas" é dado todos os anos em dezembro a várias pessoas que tenham se esforçado além do esperado. Peter Loconto, presidente da empresa, diz: "Estávamos lutando para melhorar a produtividade e os lucros. Alguém decidiu documentar todas as questões envolvidas e expor os problemas para que a gerência pudesse ver com clareza onde estavam os obstáculos." Outro colaborador, diante do que os gerentes consideravam solicitações extremas (e até irracionais) numa tarefa para determinado cliente, trabalhou noite e dia – sem que ninguém tivesse exigido – para atender os pedidos. E executou o serviço dentro do prazo. "Quando anunciamos o nome desse funcionário, todos se levantaram e o aplaudiram. Aquilo foi o reconhecimento de um esforço árduo", diz Loconto. Os nomes dos ganhadores dos prêmios são gravados numa placa que fica pendurada no saguão da companhia. Os homenageados também recebem dinheiro ou ações da empresa.

Na Meloche Monnex, companhia de seguros em Montreal, Canadá, os funcionários de excelente desempenho recebem uma carta pessoal do presidente, parabenizando-os por suas realizações. São premiados ainda com um aumento anual de salário duas vezes maior do que a média. Esses colaboradores têm também prioridade na escolha de responsabilidades adicionais e treinamentos.

ESTUDO DE CASO SOBRE RECONHECIMENTO DE FUNCIONÁRIOS EXCEPCIONAIS

Na Stew Leonard's em Norwalk, Connecticut, o "Prêmio ABCD" (Above and Beyond the Call of Duty – "muito além dos deveres da função") – é concedido aos funcionários que se destacam por não se limitarem a realizar apenas as tarefas que estão sob sua responsabilidade. Eles recebem uma camisa pólo com as palavras "Prêmio ABCD". A loja conta ainda com o programa "Superstar do Mês", pelo qual os membros de cada departamento elegem um colega com base em critérios específicos do seu setor: limpeza, segurança, etc. O estrelato de um mês tem início com muita agitação, incluindo uma foto do homenageado para a "Avenida das Estrelas" (uma parede da loja que é toda decorada com fotos), balões e manifestações de incentivo por parte de todos. Troféus, presentes, vales-brinde e dinheiro são generosamente distribuídos para reconhecer as realizações.

"Não nos limitamos a dar uma placa. Contratamos pessoas que se fantasiam de animais e levam balões para os vencedores. Os colegas reúnem-se e a placa é entregue no meio da loja.

Tiramos uma foto, que é divulgada no jornal da empresa, e a colocamos na placa de nogueira que fica pendurada na 'Avenida das Estrelas'. Todos os dias, a pessoa vê sua foto ali e se sente bem", diz Stew Leonard, fundador da companhia.

Os "Prêmios Stewie" são concedidos anualmente aos melhores profissionais nas categorias gerente, supervisor, funcionário e "novato do ano" de acordo com os votos dos colegas. O gerente cuja equipe apresenta a menor taxa de rotatividade também é premiado. Os "Prêmios de Desempenho Excepcional" são dados todo ano a três colaboradores de destaque entre pouco mais de 20 indicados pelo presidente e selecionados pelos vencedores anteriores. São promovidos jantares para a entrega das homenagens.

"Todo comportamento é adotado em razão de suas conseqüências."

– Bob Nelson

A Southwest Airlines permite que os gerentes de suas instalações nos aeroportos organizem uma comemoração para premiar os funcionários "Estrelas do Trimestre". Numa dessas equipes, os homenageados convidam um grupo de pessoas para um almoço ou jantar que conta com um cardápio de sua escolha. Os gerentes encarregam-se das compras, dos preparativos e dos serviços relativos ao encontro. Esse evento tornou-se uma atividade integradora, pois os gerentes trabalham juntos para coordenar tudo. Esse é apenas um dos motivos pelos quais agora é mais difícil (com base no percentual de candidatos aceitos) conseguir um emprego nessa companhia aérea do que entrar para a Universidade de Harvard.

Na Home Depot, Inc., rede de lojas de produtos para reforma e construção e outros itens para casa, sediada em Atlanta,

Geórgia, cada unidade escolhe o "Funcionário do Mês": alguém que tenha dedicado tempo a um setor que se encontra tecnicamente fora da sua área de responsabilidade. O vencedor recebe 100 dólares, um emblema de mérito (cinco deles dão direito a mais 50 dólares) e um emblema especial para ser usado no avental. Além disso, seu nome é gravado numa placa na frente da loja.

> **"A motivação baseia-se naquilo que cada um valoriza como indivíduo. O que motiva uma pessoa pode não estimular outra."**
> – Crystal Jackson (Gerente de pessoal da Companion Life Insurance Co.)

A Marriott International, Inc., sediada em Bethesda, Maryland, homenageia de 15 a 20 colaboradores todo ano com o "Prêmio J. Willard Marriott de Excelência", um medalhão que ostenta a imagem gravada de Marriott, além de palavras que expressam os valores básicos da empresa: dedicação, realização, caráter, ideais, esforço e perseverança. Segundo Gerald C. Baumer, vice-presidente de comunicação de pessoal e atendimento criativo, a seleção baseia-se nas observações feitas pela pessoa que indica o candidato e na magnitude do serviço que este realiza. Os ganhadores formam um grupo representativo do quadro de colaboradores: lavadores de pratos, cozinheiros, governantas e gerentes de produto são todos incluídos. O prêmio é entregue num jantar anual em Washington ao qual comparecem os homenageados, seus cônjuges, os profissionais que fizeram as indicações e executivos. "Queremos que outras pessoas os admirem", diz Baumer.

> **"Próximo à excelência deve estar o reconhecimento."**
> – William Makepeace Thackeray

Dinheiro, substitutos do dinheiro & vales-brinde

Entre as formas de reconhecimento por um bom trabalho estão o dinheiro e seus substitutos, como vales-brinde. Em minha pesquisa, os funcionários classificaram os seguintes itens como muito ou extremamente importantes: "o colaborador receber um vale-brinde ou *voucher*" (48%); "o funcionário ganhar um prêmio nominal em dinheiro" (46%); "o gerente presentear o profissional com um jantar para dois" (43%); e "o colaborador receber entradas para atividades de entretenimento" (39%). Outras pesquisas reforçam esses resultados, mostrando que 95% dos entrevistados consideraram bônus em dinheiro um incentivo positivo e significativo. Quase 15% dos participantes de um estudo realizado pela revista *Workforce Management* dão prêmios em dinheiro aos colaboradores e 2% concedem contas de poupança como parte dos programas de incentivo de suas organizações.

Quase todas as pessoas gostam de ganhar dinheiro extra, sobretudo na época das festas de fim de ano ou quando enfrentam imprevistos financeiros. Embora o dinheiro ofereça o máximo de flexibilidade em termos de utilização, o problema é que esse tipo de prêmio acaba se tornando uma expectativa do funcionário. Se a empresa der um bônus natalino de determinado valor por três anos consecutivos, os colaboradores vão querer recebê-lo no quarto ano também. Além disso, o dinheiro não tem "valor de troféu" – não serve para lembrar a realização. Ele é sempre usado no pagamento de contas e depois rapidamente esquecido.

Entretanto, o dinheiro ou substitutos (como vales-brinde, cupons e pontos que podem ser trocados por produtos) de fato possuem certo valor de troféu. Os produtos que os funcionários escolhem ajudarão a lembrá-los de suas realizações. Os vales-brinde oferecem a vantagem da gratificação imediata, além de corresponderem a quantias flexíveis de dinheiro, terem prazos de validade e não apresentarem custo de frete. Podem ser trocados em muitos lugares por uma grande variedade de itens, de comida de qualidade a eletrodomésticos. Os substitutos podem ser uma boa alternativa entre o dinheiro, que é rapidamente gasto e esquecido, e um brinde ou prêmio que talvez o funcionário não queira ou do qual não precise.

"Compensação é um direito; reconhecimento é um brinde."
– Rosabeth Moss Kanter (Consultora de estratégia da Harvard Business School)

Kyle Illman, diretor administrativo da Messages on Hold em Perth, Austrália, diz: "O contato que fazemos com o cliente é pelo telefone, por isso precisamos que nossos colaboradores causem uma ótima impressão para que possamos superar o fator distância. Aproveito as reuniões de equipe para ler em voz alta os elogios endereçados aos funcionários e peço aos homenageados que escolham cartas de um baralho. Para as cartas de 2 a 9, eles recebem o mesmo valor em dólares. Para a de número 10 e para aquelas que têm figuras, eles ganham 10 dólares; por um ás, 20 dólares. Isso é divertido e motiva todos os representantes a deixar os clientes mais do que satisfeitos."

Os gerentes e supervisores da Busch Gardens em Tampa, Flórida, usam pequenas lembranças de agradecimento, que eles chamam de "Fazer Amigos é Nosso Negócio", para reconhecer os funcionários na hora por comportamentos que se relacionem diretamente com os valores centrais da organização, como bom atendimento, trabalho em equipe e segurança. Os colaboradores podem trocar os itens por 10 dólares, embora muitos deles prefiram guardar os presentes.

O *Dallas Business Journal* mantém um estoque de fichas douradas com especificações de 10 e 20 dólares que podem ser trocadas em qualquer loja num shopping local. Os gerentes concedem as fichas aos funcionários que cumprem as metas semanais ou que realizam grandes vendas. O jornal distribui ainda entradas para cinema, pequenos bônus em dinheiro e vales-brinde.

Durante a reunião anual de acionistas, a Pitney Bowes, sediada em Stamford, Connecticut, premia com contas de poupança no valor de 25 dólares as melhores perguntas orais ou escritas submetidas pelos funcionários.

Sandy Edwards, representante de recursos humanos da Great Western Drilling Company em Midland, Texas, diz que a empresa oferece uma conta de poupança de 100 dólares ao funcio-

"Não há nada de errado com prêmios em dinheiro, só que eles são gastos. Aparentemente, pequenos gestos – uma vaga de estacionamento, uma placa, um quadro de avisos com fotos dos funcionários – podem ser tão eficazes quanto jantares e viagens."

– Donald Gagnon (Coordenador de treinamento da Brunswick Mining and Smelting Corp.)

nário que faz a pergunta mais desafiadora ao presidente nas reuniões de comunicação da companhia.

A Quad/Graphics em Pewaukee, Wisconsin, paga aos funcionários 30 dólares para que eles participem de um seminário dedicado ao antitabagismo e dá 200 dólares a qualquer um que fique sem fumar por um ano.

Na Celestial Seasonings, empacotadora de chás de ervas em Boulder, Colorado, todo funcionário recebe um cheque de 25 dólares em seu aniversário, um de 50 dólares no Dia de Ação de Graças e um de 100 dólares no Natal.

"Mais do que um prêmio, os incentivos financeiros estão se tornando um direito."

– Peter F. Drucker (Escritor e especialista em administração)

O G. S. Schwartz and Company, Inc., escritório de relações públicas de Nova York, realiza o concurso "Parada de Sucessos" que dá um prêmio de 50 dólares por semana ao profissional de relações públicas que demonstre o melhor método de cobrir um evento ou gerar uma matéria para um cliente. Os

Pontos fortes dos prêmios de incentivo em dinheiro

- São desejados.
- É fácil administrá-los e controlá-los.
- Todos os compreendem.
- Podem servir como um estímulo extra num programa de longo prazo.

ganhadores recebem um ponto que conta para o prêmio trimestral de 100 dólares. Os classificados em segundo lugar são premiados com meio ponto.

Na Hatfield Quality Meats, em Hatfield, Pensilvânia, a cada dois anos os funcionários podem escolher um brinde num catálogo em vez de um bônus de fim de ano. Todos os colaboradores recebem a mesma quantia e têm a liberdade de optar por um produto caro ou por vários itens mais baratos.

O programa "Fique à Vontade", da American Express Company, oferece um jantar ao homenageado por conta da empresa. O funcionário recebe um vale que pode ser trocado por uma refeição num restaurante conveniado.

Uma gerente da Gap, Inc., sediada em São Francisco, Califórnia, queria agradecer a todos por terem trabalhado loucamente para cumprir um prazo importante. Ela lhes deu vales-brinde de um spa com direito a um tratamento facial ou massagem. "Foi uma surpresa muito bem-vinda que ajudou as pessoas a relaxar após aquele período de dureza", afirma Carol Whittaker, outra gerente da Gap.

Pontos fracos dos prêmios de incentivo em dinheiro

- Não têm valor de troféu (ou seja, não duram).
- Não são inusitados.
- Não podem ser ampliados.
- Tendem a se tornar uma expectativa permanente dos funcionários.

Steve Ettridge, presidente da Randstad North America LP, empresa de serviços temporários sediada em Atlanta, Geórgia, enfrentava um problema com jovens profissionais que não admitiam ter feito algo errado. "Os erros, em sua maioria, podiam ser corrigidos ou minimizados, mas eu só os descobria quando estouravam. Um dia mostrei a eles 500 dólares em espécie e contei que naquela semana eu havia cometido uma falha. Eu disse que quem conseguisse me superar levaria o dinheiro. Obviamente, eles temiam que se tratasse de um truque", afirma Ettridge. Por fim, um deles admitiu ter cometido um erro de inserção de dados que fizera com que um cheque de pagamento no valor de 2 milhões de dólares fosse preenchido e enviado. Esse colaborador recebeu os 500 dólares. Desde então, a cada três meses, a organização dá um prêmio de 100 dólares àqueles que admitem suas falhas. Segundo Ettridge, o objetivo desse prêmio é fazer com que as pessoas sintam que errar é humano e estimulá-las a correr riscos.

Victor Kiam, presidente da Remington Products em Shelton, Connecticut, mantém um fundo disponível de 25 mil dólares para prestar reconhecimento instantâneo em dinheiro aos colaboradores que tenham sido vistos pelos supervisores realizando um trabalho excepcional. Kiam chama essas pessoas à sua sala e lhes dá cheques que variam de 200 a 500 dólares.

Na International Revenue Service, os prêmios por idéias são de pelo menos 100 dólares em dinheiro (alguns chegam a 4 mil dólares). Os profissionais que recebem boas pontuações em suas avaliações de desempenho ganham bônus de cerca de 500 dólares em dinheiro.

Quando J. Pierpont Morgan, fundador do banco J. P. Morgan, faleceu, em 1912, ele deixou como herança um ano de salário para cada membro da sua equipe.

"O dinheiro não exerce com os gerentes de nível mais alto o mesmo impacto que exerce com os funcionários assalariados. Entretanto, todos gostam do reconhecimento."

– MARTHA HOLSTEIN (Diretora associada da American Society on Aging)

ESTUDO DE CASO SOBRE INCENTIVOS EM DINHEIRO

A Solar Communications, empresa de mala-direta e embalagens sediada em Naperville, Illinois, passou alguns anos desenvolvendo um sistema de bônus em dinheiro vivo. Inicialmente, esses prêmios eram casuais e tinham até um caráter paternalista. No fim de quase todos os meses, o fundador da companhia, John F. Hudetz, distribuía cheques de igual valor – geralmente de 20 a 60 dólares – para todos os funcionários.

Quando a organização atingiu 2 milhões de dólares em vendas, os proprietários quiseram experimentar um programa de premiação com regras mais claras e definidas. Os funcionários foram designados a máquinas específicas e separados em equipes de quatro ou cinco componentes. Quanto mais um grupo produzia durante um mês, maior o bônus destinado a cada um de seus membros.

O novo sistema de incentivo teve um efeito imediato. As máquinas empacotadoras funcionaram mais rápido do que nunca à medida que os colaboradores corriam atrás de premiações cada vez mais altas. Em muitos casos, os níveis de produção duplicaram. Em meses de boa produção, os integrantes da melhor equipe ganhavam bônus de 250 dólares, enquanto os outros recebiam 1/4 desse valor. No entanto, a pressão de produzir acabou criando problemas, como avarias nos equipamentos, que deixaram de ser submetidos à manutenção regular.

Agora a empresa premia todos os colaboradores por resultados de acordo com um esquema bastante claro: a cada três meses, os gerentes estabelecem uma meta de rentabilidade baseada no que eles acreditam ser possível. Caso o objetivo seja alcançado, 25% dos ganhos adicionais vão para um fundo de bônus. Esse fundo é então dividido em relação aos ganhos de cada funcionário durante o trimestre anterior. Se, por exemplo, uma pessoa tiver recebido 0,5% de toda a folha de pagamento, ela tem direito a 0,5% do fundo. Essa situação leva em conta dois fatores: são necessários dois anos para que alguém participe inteiramente do programa e faltas não justificadas e atrasos podem reduzir o valor do bônus.

- **Dê ingressos para jogos, espetáculos musicais ou eventos culturais, dependendo da preferência do colaborador.**
- **Numa reunião de funcionários, prenda vales-brinde nos acentos das cadeiras nas primeiras três fileiras.**

EVOLUÇÃO DO PROGRAMA DE INCENTIVO EM DINHEIRO DA SOLAR PRESS

Bônus para toda a empresa, 1977-1984

Vantagem: sem promessas, fácil de administrar.
Desvantagem: os funcionários não sabiam pelo que estavam sendo premiados; ausência de efeito motivacional.

Bônus por produção por equipe, 1984-1988

Vantagem: estimulou a produção e a criatividade.

Desvantagem: fomentou a competição entre departamentos e funcionários; gerou problemas nas máquinas e na qualidade; pesadelo administrativo.

Bônus de participação nos lucros para toda a empresa, 1987 até hoje

Vantagem: é de simples compreensão; enfatiza o trabalho de equipe e a coordenação entre os departamentos.
Desvantagem: torna mais difícil o exercício da influência individual.

Em Algoma, Wisconsin, o WS Packaging Group faz reuniões mensais de bônus chamadas "Compartilhe o Lucro". A empresa compartilha com os funcionários as informações sobre cada item de seu orçamento e também os lucros que excedem as metas. Entretanto, caso haja prejuízo, este tem que ser compensado antes que qualquer bônus adicional seja concedido

O departamento de fibras da E. I. du Pont de Nemours & Company em Wilmington, Delaware, adota o programa "Compartilhamento de Realizações", pelo qual todos os funcionários colocam 6% de seus salários em risco e recebem uma porcentagem variável dessa quantia baseada em quanto seu departamento se aproxima dos objetivos anuais. Menos de 80% corresponde a nenhum aumento; de 80 a 100%, a um aumento de 3 a 6%; de 101 a 150%, a um aumento de 7 a 19%.

Os funcionários do Wells Fargo Bank podem receber o correspondente a até 25% de seus salários anuais em bônus se atingirem determinados níveis de desempenho. Cerca de 60%

deles ganham esses incentivos a cada três meses. John Gavin, coordenador de divisão em Fort Worth, Texas, diz: "Descobrimos que um bônus típico era visto apenas como parte do salário. Agora todas as pessoas são pagas de acordo com o desempenho. A diferença no comportamento dos colaboradores foi expressiva."

A Jaycraft, fabricante de componentes de precisão para aplicações aeroespaciais em Spring Valley, Califórnia, premiou funcionários por um aumento de 50% nas vendas com um bônus de fim de ano correspondente a 15% do salário. O presidente da empresa, Doug Van Vechten, explica: "Sempre acreditamos que colaboradores produtivos motivados são a chave para o sucesso."

Use o coração na hora de dar o dinheiro

- Ofereça um bônus em dinheiro com os impostos pagos previamente.
- Dê um bônus em dinheiro aos funcionários que recrutarem novos profissionais.
- Presenteie um membro da sua equipe com um vale-brinde.
- Pague pelo ensino do filho de um funcionário.
- Pague uma multa de trânsito de um membro da sua equipe.
- Pague uma parcela da prestação do apartamento de um colaborador.
- Pague por um serviço de limpeza na casa de um funcionário.

Presentes nominais, produtos & alimentos

Quase todo tipo de produto e alimento pode ser usado como forma de reconhecimento ou prêmio. Os funcionários apontam os seguintes itens como muito ou extremamente importantes como recompensa por um bom trabalho: "o gerente presentear com alimentos para comemorar um sucesso" (39%); "o colaborador receber flores, um presente ou uma pequena lembrança" (39%); "o gerente pagar um almoço ou jantar para o funcionário" (36%); e "o colaborador ganhar vales para alimentos, cupons para lavagem de carro ou ingressos de cinema" (35%). Em uma pesquisa sobre os trabalhadores americanos realizada pela revista *Workforce Management*, 63% classificaram de significativos os incentivos na forma de produtos. Mais de 50% dos entrevistados disseram usar jóias e 41% relógios como parte dos programas de reconhecimento de suas organizações.

A utilização de produtos em ações de reconhecimento apresenta muitas vantagens. Incentivos desse tipo são desejáveis e fáceis de promover, pois, quando bem selecionados, podem atender gostos diversos e ser usados para premiar realizações em diferentes níveis e momentos. O melhor item para campanhas motivacionais é o que tem valor duradouro, reflete a qualidade das realizações do ganhador, inspira orgulho, adapta-se ao estilo de vida e às preferências do homenageado, projeta uma imagem positiva da empresa, pode ser dado prontamente e sem nenhuma confusão, tem garantia e pode ser trocado.

Os objetos têm ainda um valor de troféu para o ganhador e podem vir diretamente do fabricante. Por fim, os resgates ocorrem no fim de um programa, assim os custos maiores incorrem depois que os resultados são conhecidos. Entretanto, itens desse tipo requerem administração detalhada e são inapropriados para participantes que recebem salários baixos.

Segundo uma pesquisa patrocinada pela Specialty Advertising Association International, os artigos que as pessoas mais apreciam são roupas (camisetas, jaquetas, bonés), acessórios para a mesa de trabalho ou para o escritório, instrumentos de escrita, peças de vidro e cerâmicas (incluindo canecas) e agendas.

A Chevron Texaco, sediada em San Ramon, Califórnia, mantém numa caixa bem grande, fechada com um cadeado, vários tipos de presentes. Um funcionário que é reconhecido na hora por alguma realização é levado até o "Baú do Tesouro" pelo seu supervisor, que tem a posse da chave. O colaborador pode escolher um item: caneca de café, conjunto de lápis e caneta, vale-brinde, cupom para almoço ou jantar ou ingressos para cinema.

> **"Achamos que gastar 1 dólar em algo inteligente e exclusivo é melhor do que gastar 50 dólares num objeto comum que pode ser esquecido."**
>
> – Richard File (Sócio da Amrigon)

Os gerentes do grupo Bronson Healthcare em Kalamazoo, Michigan, criaram "caixas de ferramentas" cheias de itens de reconhecimento sugeridos pelos próprios colaboradores, no valor total de 150 dólares. São ingressos para cinema e cupons de sorvetes, folgas, estacionamento com manobrista e vales-restaurante. Os brindes são usados para prestar reconhecimento aos funcionários quando estes realizam um bom trabalho.

Produtos e serviços motivadores

- **Equipamentos eletrônicos** – Ajudam as pessoas a melhorar a eficiência: celulares multimídia, laptops e aparelhos de fax.
- **Eletrodomésticos** – Os modelos compactos economizam espaço: lavadoras/secadoras dois em um, processadores de alimentos, televisores e rádios.
- **Serviços** – Auxiliam as pessoas a poupar tempo: faxineira por um ano, serviço de babá, visitas a spas e tratamento facial.
- **Brindes exclusivos** – Presentes personalizados conferem um significado especial: primeira edição de livros, antiguidades e cartões de crédito com a bandeira da empresa.

Dave Baldwin, gerente de treinamento de desenvolvimento administrativo dos laboratórios Abbott em Abbott Park, Illinois, conta que deu um buquê de flores atado com um relógio a uma funcionária que adiou as férias e "dedicou seu tempo" a ajudar quando o departamento precisou. Ela usa o relógio como um distintivo de honra até hoje.

A Hartford Steam Boiler Inspection & Insurance Company em Hartford, Connecticut, gasta até 50 dólares por ano em presentes com cada funcionário administrativo. As opções atendem interesses variados, incluindo jantares para dois, ingressos para cinema e eventos esportivos, vales-brinde e café por um mês. Há quatro requisitos para o prêmio: o colaborador deve "vestir a camisa da equipe", tomar iniciativas para resolver problemas, liderar o apoio às metas da empresa e mostrar uma atitude que inspire os outros a dar o melhor de si. A porta-voz Karen Block diz: "Acredito que, quando os resultados finais são positivos, os investimentos retornam triplicados."

> **"Não dá para prever o que um funcionário valorizará como prêmio. Por isso, quando o presente não for dinheiro em espécie, recomendamos que seja oferecida uma boa variedade de opções. Deixe-o escolher o que lhe agrada."**
>
> – Barcy Fox (Vice-presidente da Performance Systems, Maritz, Inc.)

David Walling, coordenador de treinamento do Natural Resources Conservation Service em Champaign, Illinois, conta que dá canecas de café especialmente desenhadas, relógios e estojos de lápis e caneta em reconhecimento a um bom trabalho. Ele presenteia ainda com gravuras emolduradas de animais selvagens ou outros motivos, dependendo das preferências pessoais.

A Houghton Mifflin Company em Boston, Massachusetts, assim como outras editoras, customiza livros para ocasiões específicas. Isso pode ser feito de várias formas:

- Pedindo ao presidente da empresa que personalize um livro com uma dedicatória para comemorar uma ocasião ou realização.
- Incorporando o logotipo da companhia na capa ou na quarta capa do livro.
- Alterando o título de um livro para incluir o nome de uma empresa ou marca.
- Inserindo alusões a produtos no texto do livro.
- Adicionando uma carta ou uma breve mensagem da organização numa das páginas iniciais.
- Extraindo um capítulo apropriado de um livro original e criando um exemplar completamente novo.

"O que conta não é o brinde em si, mas a idéia por trás dele. É bacana caminhar pela casa, ver um objeto e pensar: 'Ah, este é de 1984. Estou lembrado do que fiz para ganhá-lo'. A recordação que aquilo proporciona é muito melhor do que dinheiro."

– Barion Mills Jr. (Gerente de agência do State Farm Insurance)

Como uma alternativa estimulante para a seleção de produtos, algumas empresas permitem que os funcionários escolhidos se dirijam à loja onde se encontram prêmios apropriados e "façam a festa". O Carlson Marketing Group abriu seu centro de distribuição de produtos em Dayton, Ohio, para colaboradores da Mobil, Toyota e Nabisco.

Os profissionais de marketing da Carlson enviam funcionários a Dayton na noite anterior à data marcada para dar uma olhada geral nas mercadorias. No dia do evento, eles acompanham os ganhadores pelo depósito, indicando onde estão os artigos mais caros. O armazém, de quase 20.000m^2, contém cerca de 4.500 itens, incluindo equipamentos eletrônicos, peças de vidro, tacos de golfe e aspiradores de pó.

A Carlson recomenda que os patrocinadores limitem a "festa" a dois minutos. Segundo Michael Barga, diretor de distribuição em Dayton, "mais do que dois minutos acaba sendo uma batalha para o participante, que voa pelos corredores jogando as mercadorias num enorme carrinho de compras". Em média, os vencedores acumulam cerca de 3.500 dólares em produtos por minuto.

Itens de reconhecimento podem ser escolhidos com base num tema, como o verão, por exemplo. Toalhas, barracas de praia, bolsas, cangas, cadeiras e óculos de sol funcionam bem como itens promocionais e podem ser customizados. Para prêmios

"Não gosto de dinheiro porque a relação custo-valor é de um para um. Não opto por viagens porque, quando os funcionários vencem, eles têm que usar as férias para aproveitar o prêmio. As viagens de incentivo podem ser contraproducentes se forem férias obrigatórias. Os produtos, por outro lado, possuem muita flexibilidade e seu valor é altamente percebido. Com eles, há uma distinção bem clara entre porcaria e qualidade."

– ROD TAYLOR (Gerente do grupo de promoção de produtos de papel da Procter & Gamble)

maiores, as empresas podem usar canoas e botes. Se o tema for churrasco, as opções incluem churrasqueiras, utensílios de cozinha, chapéus e aventais – inclusive uma churrasqueira construída sob medida e móveis para áreas externas.

- Descubra quais são os passatempos de um colaborador e lhe dê um presente apropriado.
- Compre algo para o filho de um funcionário.
- Dê a um membro da sua equipe um exemplar do mais recente sucesso editorial na área de negócios.
- Escreva uma dedicatória num livro que você esteja dando de presente.

Pelo programa "Roupas da Carreira", da Mary Kay, Inc., os consultores comerciais que atingem metas específicas têm direito a comprar peças especiais. Uma vez que alguém atinja um nível no qual seja possível tornar-se diretor, por exemplo, essa pessoa é convidada a participar da conferência administrativa da empresa e recebe um terno de presente. O estilo muda todos os anos. Laura Whittier, gerente de produtos de incentivo, diz: "Nossos diretores adoram os ternos, pois, além de funcionais, são um símbolo visual do seu sucesso. Qualificar-se para adquirir esse traje indica um status elevado. Seu uso proporciona uma aparência mais profissional e o reconhecimento instantâneo do êxito."

Personalize

- Dê de presente uma xícara de café personalizada da empresa.
- Mande gravar um conjunto de lápis e caneta para a pessoa.
- Personalize o rótulo de uma garrafa de vinho com uma mensagem de agradecimento.

QUATRO MANEIRAS DE CUSTOMIZAR UM PRÊMIO DE VESTUÁRIO

1. Prenda uma etiqueta com o nome da pessoa ou com o logotipo da organização na manga ou no punho da camisa.
2. Coloque o logotipo da companhia no bolso de uma camisa, usando uma cor levemente mais escura do que a do tecido.
3. Crie um etiqueta especial para ser costurada no interior de um boné ou numa peça de roupa.
4. Para os funcionários mais antigos e leais, ofereça um item de alta qualidade e de uma grife sofisticada, mas sem o nome e o logotipo da empresa. Envie junto com um cartão especial expressando seu apreço sincero pela dedicação e pelo apoio.

"Todo mundo come", diz Rick Farone, coordenador de produtos e programas da Royal Appliance, sediada em Glenwillow, Ohio. "Quando premiamos os funcionários com alimentos, sabemos que é algo que eles irão usar. As pessoas ficam felizes com comida." Uma imensa variedade de brindes alimentícios pode ser usada para presentear os colaboradores, incluindo cestas de frutas, tortas, produtos em conserva, temperos, geléias, compotas, etc.

A DDB Worldwide Communications Group, agência de propaganda da cidade de Nova York, dá garrafas de champanhe aos funcionários que desenvolvem ótimas idéias.

No restaurante Angus Barn em Raleigh, Carolina do Norte, o colaborador que é "flagrado realizando um bom trabalho" pode escolher uma entrada do cardápio da casa.

Os itens específicos mais populares

- Peças de vestuário
- Instrumentos de escrita
- Acessórios de escritório
- Peças de vidro e cerâmica
- Agendas
- Artigos esportivos
- Broches, emblemas e fitas
- Acessórios para carros
- Utilidades domésticas e ferramentas

Na Stew Leonard's em Norwalk, Connecticut, o programa "Saída para Jantar" premia os funcionários com jantares para dois quando eles fazem algo especial, como ir ao trabalho nas folgas ou trabalhar durante o intervalo. Alguns gerentes andam com cupons no bolso para premiar alguém na hora.

Na Long's Drugs, uma rede de farmácias, os funcionários que trabalham durante toda a noite organizando as prateleiras para as vendas de Natal recebem vales-pizza e refrigerantes, além de folga na mesma semana para que fiquem com suas famílias.

A MetaSolv Software, sediada em Plano, Texas, promove um encontro regado a chope para apresentar os novos funcionários à empresa, que tem 350 colaboradores. O novato fica encarregado de servir a bebida e assim consegue conhecer todos os colegas.

Itens incomuns

- Cuecas samba-canção
- Despertador com os lábios do Mick Jagger
- Pirulitos
- Trem de brinquedo para mesa de trabalho

Na Persistence Software, em San Mateo, Califórnia, uma bandeja de café da manhã é colocada próximo à mesa de um novo funcionário em seu primeiro dia de trabalho. Os 110 colaboradores da empresa são convidados a conhecer o colega. A maioria das pessoas dá uma passada no local para comer um pãozinho, apresentar-se e bater um papo.

Joan Cawley, diretora de recursos humanos da Advanta Corporation, empresa de serviços financeiros em Horsham, Pensilvânia, usa as seguintes formas de reconhecimento: surpreende departamentos internos com biscoitos e doces; paga

Vamos dar um almoço

- Pague um almoço para o colaborador e diga-lhe que pode escolher três colegas para compartilhar o prêmio.
- Leve quentinhas durante uma semana para um funcionário.
- Autorize os gerentes a andar com cupons de almoço para que os ofereçam como prêmios imediatos.
- Organize um almoço entre o funcionário e o presidente da empresa.
- Presenteie o colaborador com um cartão que dê direito a um almoço com acompanhante no local que ele preferir.
- Almoce ou tome um café com um funcionário ou um grupo de funcionários que você não vê normalmente.

manicure para as colaboradoras durante um período de excesso de trabalho; compra artigos decorativos para a festa de aniversário do filho de um funcionário que esteja ocupado demais para planejar o evento; presenteia um membro da equipe com uma bolsa com as iniciais dele para comemorar sua promoção; premia um departamento com um passeio a um parque próximo, com direito a champanhe e torta; e dá uma dúzia de caixas de doces e um vale-brinde de uma loja em reconhecimento aos esforços de um colaborador que desempenhe duas funções numa fase de transição.

Na Electronic Data Systems, em Plano, Texas, os gerentes são estimulados a conhecer os gostos, passatempos e interesses dos funcionários para que os merecedores possam ser premiados com incentivos apropriados, como ingressos para um evento esportivo, entradas para a ópera ou um jantar para a família num restaurante. Molly Edwards, gerente de serviços de reconhecimento da empresa, diz que um colaborador da filial de Dallas chegou a ganhar uma lavadora e uma secadora por um

"Uma razão pela qual a comida é um bom motivador é que ela dá ao vencedor uma experiência com familiares e amigos. A comida é um presente social."

— Jeffrey Gibeault (Gerente comercial do departamento de incentivos da Omaha Steaks International)

desempenho particularmente bom. Uma funcionária do escritório de Michigan encontrou sua cozinha toda reformada quando voltou das férias.

"Os produtos funcionam, mas o desafio é encontrar o item certo para seu público-alvo. Temos quatro critérios básicos para escolher esse tipo de prêmio: (1) sua qualidade deve ser tão grande que reflita a imagem da empresa de modo positivo; (2) tem que ser algo que todos queiram, de preferência um artigo sofisticado que esteja em ascensão no mercado; (3) deve apresentar um alto valor percebido em relação ao custo; e (4) a marca precisa ser imediatamente reconhecida de forma positiva."

— Mark Weinberger (Gerente de serviços de marketing da Cathay Pacific Airways Ltd.)

Privilégios, benefícios ocasionais & serviços para os funcionários

Uma categoria final de reconhecimento tangível que os funcionários valorizam por realizar um bom trabalho envolve privilégios e benefícios ocasionais. Dois itens que foram citados como muito ou extremamente importantes para eles: "o funcionário receber privilégios ou benefícios ocasionais" (52%) e "o colaborador ter o direito de usar uma vaga preferencial no estacionamento" (25%). A concessão desses prêmios pode ser acompanhada de outras formas de reconhecimento, aumentando seu valor e, assim, o desejo de ganhá-los. Eles têm ainda a capacidade de tornar a atividade de reconhecimento divertida e estimulante para todos os envolvidos. O ideal é que os itens dessa categoria sejam dados de modo eventual por comportamentos ou desempenhos específicos, embora neste capítulo tenhamos incluído serviços e atividades que se estendem a todos na organização.

Na Management 21, firma de treinamento e consultoria em Nashville, Tennessee, um passe VIP concede ao ganhador alguns privilégios por determinado período (um mês ou um trimestre). Ele pode almoçar na lanchonete, freqüentar a academia da empresa ou usar uma vaga no estacionamento sem gastar nada.

Dependendo da localização do escritório, a Robert W. Baird, empresa de serviços financeiros sediada em Milwaukee, Wisconsin, oferece descontos em academias de ginástica e lojas de roupas, assim como ingressos para museus, teatros, competições esportivas, atrações turísticas e eventos de entretenimento. Além disso, um fornecedor presta serviços de engraxate, tinturaria e revelação de filmes nas instalações da companhia.

Carla Levy, especialista em treinamento da Indianapolis Power & Light Company, em Indiana, sugere que as taxas de estacionamento de um funcionário sejam pagas durante um mês ou um ano em reconhecimento a um trabalho bem-feito.

"Tentamos com toda a consciência eliminar qualquer diferenciação entre a gerência e o resto do pessoal. Por isso, não temos nenhuma vaga marcada de estacionamento nem sala de jantar para executivos. Todos na empresa usam capacetes de segurança da mesma cor – verde. Nada de capacete dourado para o presidente."

– Ken Iverson (Presidente da Nucor Corp.)

Na General Mills, sediada em Minneapolis, Minnesota, os novos colaboradores podem escolher uma peça numa grande coleção de arte para decorar suas estações de trabalho. Da mesma forma, na Mary Kay, Inc., aqueles que ocupam salas individuais selecionam os próprios móveis e obras de arte.

Os funcionários da Wilton Connor Packaging, Inc. em Charlotte, Carolina do Norte, podiam levar as roupas sujas para o trabalho, onde as peças eram encaminhadas ao serviço de lavanderia e depois dobradas, numa cortesia da empresa.

Eles contavam ainda com um profissional que realizava trabalhos gratuitos para todos. Despesas mais altas eram deduzidas dos pagamentos durante um período de sete meses. "Praticamente não temos rotatividade no quadro de pessoal nem problema de qualidade e o número de supervisores é muito pequeno. É por isso que fazemos essas coisas", diz Wilton Connor, presidente da empresa.

Os representantes comerciais da Emerald Publications, em San Diego, Califórnia, têm permissão de se vestir informalmente toda sexta-feira. Um deles afirma: "Costuma ser o dia em que vendo mais, pois não preciso me preocupar se estou sentado do jeito certo nem se minha aparência está legal. Quem dera tivéssemos mais liberdade de ação em outros dias." A American Airlines agora autoriza os colaboradores em sua sede em Fort Worth, Texas, a usar roupas informais todos os dias. A política é aplicada a cerca de 20 mil funcionários administrativos. Jayne Allison, vice-presidente de relações humanas, explica: "Nossos colaboradores nos disseram que sua produtividade aumentava quando estavam vestidos com roupas descontraídas."

Para reduzir o estresse provocado por longas horas de trabalho, muitas empresas como a S. C. Johnson & Son em Racine, Wisconsin, contratam um massagista para os funcionários. Na realidade, muitos serviços de massagem se especializam em clientes corporativos, atendendo uma organização diferente a cada dia. Esses profissionais vão também à Nelson Motivation, Inc. em San Diego, Califórnia, no Dia dos Namorados, quando fazem massagens no pescoço e no ombro de todos os colaboradores.

- **Ofereça uma mudança no título de um funcionário merecedor.**
- **Premie um colaborador com um escritório melhor: mais amplo, com uma boa localização e móveis novos.**

Os serviços de *concierge* oferecidos pela empresa de consultoria Accenture aos seus colaboradores permitem que alguém busque o carro de um executivo na oficina ou fique na casa dele para atender qualquer tipo de profissional que vá até lá realizar um serviço. George Trojack, diretor financeiro do escritório de Chicago, Illinois, usa esse serviço pelo menos duas vezes por semana para tudo, da compra de bilhetes de metrô à espera pela entrega de móveis. "Quando surge alguma coisa, não fico mais tão estressado, pois o *concierge* pode cuidar de tudo", diz ele.

"Oferecer incentivos é a maneira mais positiva de premiar o cumprimento de metas, melhorar o atendimento e desenvolver programas de redução de custos."

– Anúncio da Thomson Consumer Electronics, Inc.

Na sede da PepsiCo em Purchase, Nova York, foi contratado um *concierge* em horário integral para ajudar os 800 funcionários da empresa a poupar tempo com pequenos afazeres, como reservas em restaurantes e teatros, organização de eventos para crianças e reparos domésticos. A companhia começou a prestar esse atendimento depois que uma pesquisa mostrou que os colaboradores não dispunham de tempo livre para cuidar de tarefas desse tipo. A PepsiCo oferece outros serviços dessa natureza, como tinturaria nas suas próprias instalações, troca de óleo no estacionamento duas vezes por mês, atendimento de um engraxate duas vezes por semana, venda de jantar para viagem na lanchonete e consertos de sapatos. A expectativa agora é a contratação de um alfaiate para os funcionários, que podem dispor ainda de consultoria financeira por cerca de 20 dólares mensais.

"Com tantas formas de premiar as pessoas, é possível que você pergunte: 'Como eu faço para escolher o modo de premiar cada um dos colaboradores?' A resposta é simples: pergunte a eles."

– Michael LeBoeuf (Autor de *The Greatest Management Principle in the World* [O maior princípio administrativo do mundo])

Shawn Freeman, presidente da Focus2, sediada em Dallas, Texas, recomenda que os colaboradores levem seus animais de estimação para o trabalho, a fim de reduzirem o estresse. Alguns profissionais trabalham até 90 horas por semana nessa empresa de desenvolvimento de sites, por isso Freeman os autoriza a ter a companhia de seus cães no escritório sempre que desejarem. Ele diz: "Para algumas pessoas os animais de estimação são como filhos. Quando passam muito tempo sem vê-los, elas ficam aborrecidas."

ADVO, Inc., agência de publicidade e merchandising sediada em Windsor, Connecticut, oferece seguro de animais de estimação para todos os seus funcionários. "Para nós foi algo muito fácil de fazer. Esse benefício é completamente pago por meio da MetLife, um fornecedor com o qual já nos relacionávamos", diz Leslie Lenser, diretor de benefícios corporativos.

A Levi Strauss & Company, sediada em São Francisco, Califórnia, conta com a "Sala da Tranqüilidade", onde os funcionários podem fazer um intervalo solitário para relaxar, ba-

- **Disponha-se a realizar a tarefa menos desejável de uma pessoa por um dia.**
- **Atenda o telefone de um funcionário durante uma tarde.**
- **Lave o carro de um colaborador no estacionamento na hora do almoço.**

ter nas paredes, gritar, meditar ou ler. Na Lowney Associates, firma de consultoria em Palo Alto, nesse mesmo estado, há a "Sala do Cochilo".

A Magic Pencil Studios, empresa de serviços criativos sediada em Los Angeles, Califórnia, tem a "Sala do Intervalo", equipada com mesas de sinuca, videogames, televisores, DVDs, geladeiras e máquinas que vendem lanches saudáveis. Ela fica à disposição de todos os funcionários e até de seus filhos, que podem ser levados para o trabalho.

IDÉIAS DE RECONHECIMENTO INFORMAL

Apresentamos a seguir uma lista de recursos especiais que podem ser usados para reconhecer funcionários. Ela foi desenvolvida por Rita Maehling e pela Tennant Company em Minneapolis, Minnesota.

Abridor de cartas
Ações da empresa
Adesivos, inclusive de carro
Adestramento de cães
Agenda
Ajuda de custo para despesas com o carro
Almoço com o presidente da empresa
Almoço no restaurante preferido
Aluguel de DVDs
Anel
Animal de estimação
Anúncio sobre desempenho excepcional na intranet

Anúncios públicos sobre realizações
Aparelho de CD ou de DVD
Aparelho dentário
Aparição na TV
Aperto de mão
Aplauso de pé
Artigos de papelaria personalizados
Assinatura de jornal
Assinatura de revista
Assistente por um dia
Assistente por uma semana
Atlas
Aulas de astronomia
Aulas de culinária
Aulas de dança
Aulas de equitação
Aulas de ioga
Aulas de tênis
Aulas de xadrez
Autógrafo de um ídolo
Babá de graça
Balança digital
Balde de gelo
Bandanas
Bicho de pelúcia
Bicicleta
Bilhetes de rifa
Bilhetes de jogos lotéricos
Biscoitos caseiros
Bolas de tênis
Bolo de aniversário
Bolo/torta por mês
Bolsa de estudo
Bolsa de viagem
Bombons
Boné
Bônus
Broche
Buquê de balões
Cadeira de praia
Cadeira especial
Café da manhã
Caixas de isopor
Calculadora
Câmera digital
Camiseta
Caneca de café
Caneta
Canga de praia
Carimbos
Carro da empresa por um ano
Carro por um mês
Carta com cópia para a família
Carta com cópia para o gerente
Carta de boas-vindas
Carta do presidente
Cartão de aniversário
Cartão de crédito por uma semana
Cartões de Natal gratuitos
Catálogo de brindes (a escolher)
CDs
Certificado de realização
Certificado de reconhecimento
Cesta de café da manhã
Chaveiro
Chegada ao escritório uma hora mais tarde
Churrasco
Compartilhamento de trabalho
Compras no shopping pagas pela empresa
Consulta veterinária
Conta de poupança
Corte de cabelo
Crachás especiais
Creche por um mês
Cruzeiro
Cupons de lanchonetes
Cupons para sobremesas
Curso de graduação
Cursos de idiomas
Dedicatória num livro
Descansos para copos
"Dia da Família no Escritório"
"Dia do Cônjuge"
Dinheiro na hora
Doces
Eletrodomésticos
Empréstimo de carro por seis meses
Entrada para assistir às gravações do programa de TV favorito
Equipamentos eletrônicos
Escolha de um projeto

Estacionamento com manobrista
Excursões
Extintor de incêndio
Faixas de homenagem
Feijoada para a equipe
Feriado num hotel-fazenda
Férias com um dia extra
Férias no Caribe
Ferramentas
Festa à beira da piscina
Festa após o expediente
Festa com comida chinesa
Festa com pipoca e cachorro-quente
Festa de inauguração de um projeto
Festa interna de clientes
Festa de Natal
Festa organizada pelos gerentes seniores
Festa para amigos
Festa para os filhos dos funcionários
Festa temática
Fichas que valem pontos
Fim de semana num chalé
Flores
Folga no aniversário
Folga para desenvolver um projeto especial
Folga remunerada de um dia
Folga remunerada de um mês
Folga-surpresa
Foto da equipe/família
Foto em anúncios da empresa
Foto na entrada principal da empresa
Foto no "Corredor da Fama"
Foto no quadro de avisos
Foto numa camiseta
Garrafa d'água esportiva
Garrafa térmica
Gasolina gratuita
Gravata
Guarda-chuva
Horas adicionais no almoço
Horas de compensação
Ímãs
Inclusão do cônjuge numa viagem
Ingressos para cinema
Ingressos para eventos com a família
Ingressos para eventos culturais
Ingressos para eventos esportivos
Ingressos para eventos sociais
Ingressos para shows cômicos
Ingressos para shows musicais
iPod
Itens de coleção
Jantar com o ator preferido
Jantar informal
Jaqueta com o logotipo da empresa
Jóias
Kit de emergência na estrada
Kit de primeiros socorros
Lanche favorito
Lanterna
Lavagem de carro gratuita
Liberação para sair uma hora mais cedo
Licença educacional remunerada
Livro
Mala personalizada
Manicure
Massagens em clínicas especializadas
Massagens na cadeira de trabalho
Matéria no jornal da empresa
Material de escritório
Material esportivo
Meias
Melhorias na estação de trabalho
Mensalidade de academia de ginástica
Mochila
MP3-*player*
Música composta em homenagem ao funcionário
Noite no teatro

Noite num hotel
Nome no quadro eletrônico da empresa
Novos móveis para escritório
Objeto decorativo para portas
Obras de arte
Óculos de segurança
Óculos de sol
Óculos/lentes de contato
Opção de trabalhar em casa
Oportunidade de conhecer um ídolo esportivo
Organização de fotos de uma realização
Pagamento do seguro do carro
Participação em conferência
Participação em exposições
Participação numa reunião administrativa
Partida de futebol
Passagens aéreas
Passagens para a Disney
Passeio de helicóptero
Passeio de lancha
Peças para computador
Peças para jardim
Pedicure
Pequena lembrança por qualidade
Personal trainer
Peru de Natal
Peso para papel
Pintura a óleo da família
Placa
Plantas
Poema
Pontos a serem acumulados para premiações
Portfólio
Postagens gratuitas por um ano
Prêmio de atendimento
Prêmio pelo valor profissional
Prêmio por comparecimento ao trabalho
"Prêmio Simpatia"
"Prêmio Tapinha nas Costas"
Prendedor de gravata
Presente de aniversário de casamento
Presente engraçado
Presente beneficente
Produtos da empresa
Profissional para fazer compras para o funcionário
Profissional para levar o cão do colaborador para passear
Programas para computador
Provedor de internet grátis por um ano
Pulseiras
Quadro das realizações do funcionário
Quentinha
Raquete de tênis
Reconhecimento semanal
Recorde de segurança exibido num monitor
Refeição preparada por um chef
Refrigerante de graça por um mês
Relógio
Roupas
Saídas para praticar um esporte
Sala maior
Sanduíches grátis por um mês
Sapatos
Seminário de treinamento
Serviço de jardinagem
Serviço de limpeza doméstica
Serviço de tinturaria grátis por um ano
Sessões de bronzeamento
Sorvetes
Supermercado de graça por uma semana
Tarde no boliche
Tarde no shopping
Telefone celular de graça por um mês

Telegrama cantado
Televisor
Tratamentos faciais
Troca de serviços com um colega
Trocas de óleo do carro
Troféu transitório
Troféus
TV por assinatura por seis meses
Um dia no jóquei
Um dia num departamento administrativo
Um dia num spa
Utilização de equipamentos da empresa
Utilização de um apartamento da companhia
Vagas especiais de estacionamento
Vales-compra para supermercado
Vales-restaurante
Viagem de aventura
Viagem de barco
Viagem de ônibus com amigos
Viagem para um festival de música ou de cinema
Viagem para visitar clientes
Vídeo sobre uma realização
Violinista na estação de trabalho
Visita a instalações da companhia em outras cidades
Visita à sede da empresa
Visita a um fornecedor
Visita de uma celebridade
Visita do presidente da empresa

Parte IV

RECONHECIMENTO, PREMIAÇÕES & ATIVIDADES DE GRUPO

Sabemos que o reconhecimento funciona com indivíduos, mas ele também pode produzir excelentes resultados com grupos. Esta seção apresenta formas de reconhecimento, premiações e atividades eficazes para equipes, incluindo diversão, jogos, concursos, celebrações, festas, eventos especiais, excursões e viagens.

Assim como no caso do reconhecimento de indivíduos, algumas das melhores maneiras de reconhecer equipes são informais e intangíveis, como um agradecimento pessoal do gerente aos funcionários por seu envolvimento, sugestões e iniciativas ou o envio de uma carta de agradecimento a todos eles por suas contribuições. É possível incrementar o espírito de equipe e a motivação por meio de comentários informais ao longo de toda a execução de um projeto ou da organização de almoços para comemorar a conclusão de partes do trabalho. No fim de tudo, os colaboradores devem ter liberdade para celebrar do jeito que quiserem.

Entretanto, a atividade de reconhecimento de equipes apresenta uma questão realmente difícil: balancear o esforço coletivo e agradecer pelas contribuições individuais. Corre-se o risco de ignorar as pessoas que contribuíram mais para o sucesso final e enaltecer outras que mal compareceram às reuniões. O reconhecimento homogêneo de desempenhos diferentes é prejudicial à produtividade e à motivação do grupo.

Uma forma de amenizar esse problema é fazer com que o líder da equipe reconheça a contribuição de cada indivíduo durante o processo e estimule as pessoas a agir do mesmo modo. À medida que o grupo vai se entrosando, sua produtividade e sua motivação são moldadas por comportamentos específicos de qualquer um de seus integrantes, e não somente do líder designado. Para que uma equipe tenha um bom rendimento, é importante que as pessoas alimentem-se do sucesso umas das outras; apóiem-se mutuamente de várias maneiras explícitas, reconhecendo contribuições produtivas, novas idéias ou sugestões; e criem intervenções positivas, oferecendo-se, por exemplo, para participar de uma atividade coletiva ou ajudar um colega com sua tarefa.

Os gerentes devem aprender ainda a casar o desempenho individual com o rendimento do grupo. Uma pesquisa realizada por Deborah Crown, da Universidade do Alabama, mostra que uma combinação de metas individuais com os objetivos gerais da equipe resulta numa produção coletiva 36% maior. "É mais provável que tenhamos sucesso dando às pessoas uma determinada meta e dirigindo suas ações no sentido que desejamos do que se esperarmos que, com o tempo, elas tentem fazer a coisa certa porque se identificam com o grupo."

Oito maneiras de elogiar as equipes

1. Peça a um gerente que dê uma passada na primeira reunião de uma equipe envolvida num projeto especial e expresse sua apreciação pela participação de todos.
2. Quando as pessoas apresentarem uma idéia ou sugestão, agradeça-lhes pela iniciativa e contribuição. Faça com que se

sintam motivadas a se envolver no processo de estabelecimento das metas do grupo, na solução de problemas, nos brainstorms, etc.

3. Comemore o progresso do trabalho, a conclusão de etapas do projeto e os resultados finais, deixando que os membros da equipe decidam como celebrar.
4. Crie uma oportunidade no início ou no fim da reunião para que as pessoas elogiem os colegas.
5. Faça com que os membros da equipe dêem prêmios uns aos outros. Invista em pequenas lembranças e em símbolos do trabalho coletivo, como camisetas ou canecas de café com o lema do grupo ou com o logotipo da empresa.
6. Promova atividades de integração e passeios, que podem incluir um jogo de boliche, uma visita a uma exposição, um lanche com pipoca, um desafio de equipe ou uma competição com outro grupo.
7. Convide os diretores da empresa para uma reunião em que as pessoas lhes façam perguntas e recebam agradecimentos por seus esforços.
8. Envie cartas ou e-mails a todos os membros da equipe na conclusão de um projeto, agradecendo-lhes pela contribuição. Considere agradecer também aos familiares dos colaboradores, caso o empenho do grupo tenha sido significativo.

Reconhecimento & premiações de grupo

Tratando-se de reconhecimento de grupo, é importante lembrar que ele deve se estender a toda a equipe. Caso apenas o gerente ou um membro que se destaca pelo desempenho seja reconhecido, é provável que os demais colaboradores percam a motivação.

Dispostos a aumentar a motivação de suas equipes, os gerentes de um escritório da Kaiser Permanente em Pasadena, Califórnia, colaboraram para transformar uma sala de conferência pouco usada no Centro de Estratégia. Eles compraram novos móveis e equipamentos e escolheram um tipo de decoração que estimula o pensamento criativo e favorece as sessões de brainstorm.

A casa de repouso geriátrico Montefiore em Beachwood, Ohio, uma instituição sem fins lucrativos onde trabalham 500 pessoas, deu início ao programa "Chaves do Nosso Compromisso", pelo qual as equipes prometem defender e conservar determinados valores, como ajuda mútua, atendimento das necessidades dos internos e assistência aos parentes. Basicamente, os funcionários são desafiados a nunca dizerem "não sei". Aqueles que se destacam pela prática de um valor recebem dos colegas chaves de papel como prêmio. Depois, esses objetos podem ser trocados por broches feitos de materiais que vão do bronze ao ouro – por exemplo, 10 chaves de papel equivalem a um broche de bronze. O programa já está ajudando as pessoas a trabalhar de maneira mais cooperativa, a compartilhar informações com a administração e a se sentir mais apoiadas. Desde sua implantação, o índice de rotatividade dos colaboradores caiu pela metade.

> **"Nosso principal programa de incentivo aos funcionários elevou consideravelmente o nível médio de desempenho. Houve melhorias no trabalho em equipe e nas relações entre os departamentos."**
>
> – Daniel J. Wildermuth (Diretor de marketing da Mirassou Vineyards)

A cada quatro ou cinco anos, os novos gerentes de loja da J. C. Penney Corporation, sediada em Plano, Texas, são homenageados em cerimônias realizadas em mais de 12 pontos do país. Nessas ocasiões, é feita uma promessa solene de manter os princípios fundamentais da empresa. No final, cada homenageado recebe um broche em que estão inscritas as iniciais de Honra, Confiança, Atendimento e Cooperação.

> **"Nada, nem mesmo a tecnologia mais avançada, é tão formidável quanto o trabalho conjunto e entusiasmado de pessoas para conquistar a mesma meta. Seja como nação, exército ou corporação, as pessoas tornam-se invencíveis quando são movidas por um objetivo comum e têm o poder e as ferramentas para alcançá-lo."**
>
> – Folheto corporativo da United Technologies

Na Delta Airlines, sediada em Atlanta, Geórgia, os colaboradores preenchem cartões de "Reconhecimento de Equipe" com os quais homenageiam os grupos que, na sua opinião, tenham ido além do cumprimento das suas responsabilidades. Os cartões são incluídos num sorteio de um prêmio de 500 dólares que depois é doado a uma instituição beneficente ou a uma organização cívica escolhida pela equipe.

Dicas para se formar uma equipe eficaz

- Ao contratar, procure pessoas que trabalhem bem com outras. Busque funcionários que saibam lidar com o processo coletivo.
- Sirva de modelo para sua equipe. Por exemplo, saia do escritório num horário razoável para que as pessoas saibam que não há nenhum problema se fizerem isso também.
- Incentive discussões em dupla em vez de reuniões estruturadas. As relações pessoais estabelecem confiança.
- Realize retiros informais para fomentar a comunicação e estabelecer metas.
- Premie as realizações coletivas sempre que possível, mesmo que o prêmio seja apenas suco e biscoitos.

A BlueCross BlueShield na Carolina do Norte usa várias formas de reconhecimento coletivo:

- Um departamento destaca três equipes para trabalhar em diferentes projetos, cada um deles com prazos específicos. Para que se sintam motivadas, a empresa lhes dá permissão para usar jeans por uma semana, caso cumpram as metas da semana anterior. Todos se esforçam para não estar vestindo esporte fino quando outro grupo estiver de jeans.
- Um grupo composto de gerentes de projeto e analistas de negócios reconhece as realizações uma vez por mês e dá como prêmio um Pumba de pelúcia (personagem do filme *O Rei Leão*) ao membro da equipe que se destaca pelas ações mais significativas.

- Um gerente de equipe conta: "Na conclusão de um projeto, premiei cada um dos colaboradores com vários itens para representar sua contribuição, entre os quais um tubo gigante de cola para o funcionário que nos uniu com as vendas, e assim por diante."
- Uma equipe de projetos especiais está empenhada num grande esforço que envolve múltiplas divisões da empresa e que será realizado ao longo de anos. Os participantes são candidatos ao "Prêmio A Formiga Mais Valiosa" – uma estatueta de formiga de 15cm de altura que será concedida com um certificado personalizado.
- No departamento de informações de sistema, qualquer colaborador pode indicar outro para o "Prêmio Graeme de Ouro", concedido a cada trimestre. Essa homenagem se destina àqueles que se esforçam para garantir o sucesso do departamento, dedicando-se muitas horas a realizar o trabalho e cumprir um prazo apertado, melhorando os processos para assegurar ainda mais o êxito e/ou a qualidade, aprimorando uma relação de negócios, assumindo uma tarefa extra e dando conta do recado, etc.
- Em outro setor, o vice-presidente sênior utiliza as reuniões trimestrais do departamento para distribuir broches por esforços grandiosos. Os funcionários indicam os colegas que tenham se virado pelo avesso para atingir as metas. Fotos da premiação são afixadas nos quadros de aviso do departamento.

"Se você precisa ter um programa para reconhecer funcionários, é porque não entendeu a questão. Em nossa cultura, agradecemos ou reconhecemos alguém a cada dois minutos. Faz parte de quem somos e do respeito mútuo e do carinho que temos sinceramente uns pelos outros."

– Audrey Robertson (Diretora de relações públicas da Container Store)

> **"Deve-se perguntar a cada funcionário: 'Pelo que devemos responsabilizá-lo?', 'Quais são os dados de que você precisa?' e 'Quais são as informações que você nos deve?'. Isso significa que todo colaborador tem que participar das decisões, como as que envolvem a seleção dos equipamentos necessários, o planejamento do trabalho e a escolha da política básica de toda a empresa."**
>
> – PETER F. DRUCKER (Escritor e especialista em administração)

ESTUDO DE CASO SOBRE RECONHECIMENTO DE GRUPO

Elsie Tamayo explicou como melhorou a motivação, o orgulho e a produtividade do setor de treinamento quando era diretora do Departamento de Serviço Social da Cidade de San Diego, Califórnia.

Na época em que Tamayo deu início ao seu trabalho, a motivação dos funcionários estava baixa e a identidade do grupo com a organização era fraca. Ela se reuniu com os 13 colaboradores e lhes perguntou como queriam ser vistos pela entidade. A equipe criou sua própria identidade, desenhou um logotipo e o pintou no exterior e no saguão do seu prédio. Depois, todos receberam cartões de visita com essa nova marca visual.

Em cada reunião do seu setor, Tamayo solicitava a ajuda de alguém para criar um jeito divertido de premiar outro membro do grupo. Para anunciar a promoção de um colaborador, a equipe realizou um desfile pelo prédio; um dos funcionários ganhou um coelhinho das pilhas Energizer "porque ele estava sempre em ação ajudando quem precisava"; e uma pessoa que trabalhava ainda mais rápido recebeu um Papa-Léguas de brinquedo. Tamayo abria cada um desses encontros lendo cartas de elogio ao departamento ou ao seu pessoal. Ela mantinha todos ali permanentemente atualizados quanto aos avanços na organização.

Tamayo usava números como reconhecimento para aumentar a visibilidade das realizações do grupo. O número de funcionários treinados a cada mês passou a ser registrado, o que também aconteceu com as idéias que geravam economia. Depois, esse progresso era divulgado em toda a organização. No departamento foram pendurados *flip charts* para controlar o avanço em direção às metas. Aqueles que recebiam 1.000 horas de treinamento ganhavam um certificado de "mestrado".

Entre os vários prêmios espontâneos que Tamayo utilizava está uma pequena nota escrita à mão ou no *flip chart* com a mensagem "Você se saiu bem na reunião de ontem", acompanhada de observações específicas justificando a importância da atividade. Ela sempre permitia que os membros do grupo chegassem mais tarde no dia seguinte à conclusão de uma sessão de treinamento.

Uma vez por semana, as pessoas se encontravam com Tamayo por uma hora para conversar sobre o que quisessem. No início, muitas das reuniões duravam menos de 10 minutos, mas, com o tempo, todos passaram a usar os 60 minutos. Os funcionários discutiam temas variados, como os resultados de uma sessão de treinamento, maneiras de melhorar seu desempenho, problemas com colegas e formas de aprimorar habilidades e potencial de carreira.

Os colaboradores foram informados por Tamayo de que, uma vez por mês, durante meio expediente, seria organizado o "Dia do Prêmio e Reconhecimento" e que eles mesmos decidiriam o que fazer. Uma das atividades escolhidas foi ir de trem a Los Angeles para visitar um museu, fazer compras e conhecer o zoológico. Como não havia orçamento para esses programas, as despesas eram pagas pelos funcionários.

Tamayo realizou uma maratona fictícia para todos os participantes do projeto. Durante a comemoração, foram distribuídas camisetas e antigos discos de vinil com capas especialmente criadas para reconhecer as realizações das pessoas. Com o objetivo de obter apoio para a orientação dos membros do grupo e os projetos do Departamento, Tamayo permutou seus serviços com empresas de treinamento. Ela também deu início a uma biblioteca de auto-ajuda e a utilizou como prêmio.

Todas essas iniciativas custaram pouco ou nada, e os colaboradores sabiam que tinham que trabalhar as horas necessárias para realizar suas tarefas. Meses depois, a motivação, o orgulho e a energia daquela equipe dispararam e seus integrantes passaram a ser admirados pelo resto da organização.

> **"Tratar bem seus funcionários fará com que seu negócio melhore. É simples assim."**
>
> – Julian Richer (Fundador da Richer Sounds)

Na Great Plains Software em Fargo, Dakota do Norte, onde os projetos às vezes duravam até nove meses, os líderes celebravam com jantares, reuniões e outras formas de reconhecimento informal todas as metas parciais que iam cumprindo. Para motivar as equipes, a empresa usava um programa de bônus que se desenvolvia em duas fases. Os colaboradores recebiam metade do prêmio quando conseguiam lançar o produto na data estipulada e a outra metade 90 dias depois, de acordo com o desempenho do novo item. No fim dos projetos, os grupos criavam a "Lista de Amigos" para reconhecer aqueles que não faziam parte das equipes, mas que os tinham apoiado naqueles meses. Os amigos recebiam vales-brinde e cartas de agradecimento.

> **"Nada é mais importante do que garantir que cada funcionário se sinta respeitado e valorizado."**
>
> – Robert Crandall (Ex-presidente da American Airlines)

As 10 melhores formas de premiar um bom trabalho

1. Dinheiro
2. Reconhecimento
3. Folga
4. Ações da empresa
5. Trabalho preferido
6. Adiantamento
7. Liberdade
8. Crescimento pessoal
9. Diversão
10. Prêmios

— MICHAEL LEBOEUF (Autor de *The Greatest Management Principle in the World* [O maior princípio administrativo do mundo])

ESTUDO DE CASO SOBRE MOTIVAÇÃO DE GRUPO

Quando Richard Nicolosi assumiu a divisão de produtos de papel da Procter & Gamble, sediada em Cincinnati, Ohio, os estragos provocados à companhia pela concorrência no setor já eram evidentes. A parcela de mercado da empresa na área de fraldas descartáveis despencara de 75% para 52% em menos de 10 anos. Nicolosi encontrou uma organização muito burocrática e centralizada que se preocupava em excesso com as metas funcionais internas e com projetos. Quase todas as informações sobre os clientes eram obtidas por meio de uma pesquisa de mercado altamente quantitativa. Além disso, os técnicos eram premiados por economia nos gastos, enquanto o pessoal da área comercial se concentrava no volume e na participação de mercado. Esses dois grupos quase sempre trabalhavam de maneiras opostas.

Nicolosi começou a enfatizar de imediato a necessidade de tornar a divisão mais criativa e voltada para o mercado em vez de simplesmente tentar reduzir os custos. "Tive que deixar claro que as regras do jogo haviam mudado", diz ele.

A nova direção deu ênfase ao trabalho em equipe e a múltiplos líderes. Nicolosi implantou a estratégia de usar os grupos para gerenciar a divisão e seus produtos específicos. Dois meses mais tarde, ele e sua equipe se auto-intitularam a "diretoria" da divisão de papel e começaram a se reunir mensalmente e, depois, todas as semanas. No mês seguinte, estabeleceram "equipes de categorias" que passaram a gerenciar seus produtos mais importantes (fraldas, lenços de papel, toalhas).

Nicolosi pediu que o gerente de marketing do setor de fraldas respondesse diretamente a ele, eliminando um nível na hierarquia. E também passou a conversar mais com os profissionais que estavam trabalhando com novos produtos.

Um mês depois, sua "diretoria" anunciou uma nova estrutura organizacional que incluía não apenas equipes de categorias como também equipes de novas marcas. Em quatro meses, a diretoria estava pronta para planejar um importante evento motivacional e comunicar a "nova visão" de sua área para o maior número possível de pessoas. Todos os funcionários da divisão de papel em Cincinnati, bem como os supervisores regionais e gerentes da fábrica de produtos de papel – um grupo de mais de 1.000 pessoas –, encontraram-se no templo maçônico local. Nicolosi e outros membros da diretoria descreveram sua visão de uma organização em que "cada colaborador é um líder". Um vídeo do evento foi enviado para todas as fábricas e escritórios comerciais da empresa.

Todos esses fatos ajudaram a criar um clima empreendedor que estimulou um grande número de pessoas a concretizar a nova visão. A maioria das inovações partiu de profissionais que lidavam com novos produtos. Outras iniciativas dos funcionários, porém, eram direcionadas a uma área mais funcional – e algumas tiveram origem nos níveis mais baixos da hierarquia. Por exemplo, um pequeno grupo de secretárias da divisão criou a "Rede de

Secretárias", que estabeleceu subcomitês responsáveis por treinamento, premiações e reconhecimento, além do título "Secretária do Futuro". Expressando os sentimentos de muitas de suas colegas, uma dessas colaboradoras disse: "Não vejo por que nós não podemos contribuir para a nova direção da divisão."

Em quatro anos, a receita na divisão de papel registrou um aumento de 40% e os lucros cresceram 66%. Enquanto isso, a competição pelo mercado ia ficando mais acirrada.

"A melhor coisa que você pode dizer para seu pessoal é: 'Vocês são o patrimônio mais importante da nossa empresa.'"

– PHYLLIS EISEN (Diretor de política sênior da National Association of Manufacturers)

Anita Nimtz, da Iowa State University em Ames, Iowa, comemorou a "Semana dos Assistentes Administrativos" com vários presentes, incluindo plantas na segunda-feira, bilhetes de loteria na terça, caixas de band-aids na quarta e barras de chocolate na quinta. Sua equipe adorou, e o pessoal ainda a chama de "melhor" gerente. A Mary Kay, Inc. celebra essa semana dando flores às secretárias.

A Biblioteca Pública de Carmel, Indiana, festejou a "Semana de Agradecimento aos Funcionários" com as atividades listadas a seguir – todas planejadas e executadas pela equipe de 12 gerentes. Nenhum detalhe foi divulgado com antecedência, assim cada dia trouxe uma surpresa.

Segunda-feira

- Um display de agradecimento montado com uma faixa, balões e fotografias de funcionários no trabalho foi colocado no saguão, onde permaneceu durante toda a semana para que o público pudesse participar da comemoração e agradecer aos colaboradores.

- Na chegada ao trabalho, os colaboradores recebiam de um gerente de outro departamento ou cartão de agradecimento por e-mail ou uma nota escrita à mão.

Terça-feira

- Cada um dos funcionários ganhou uma etiqueta de livro comemorativa com seu nome. Foi pedido a eles que a colassem em seu título favorito na biblioteca. O objetivo era fazer com que o colaborador fosse lembrado com apreço cada vez que um usuário visse sua identificação na obra.

Quarta-feira

- A biblioteca publicou um anúncio no jornal local convidando o público a juntar-se à administração "para reconhecer os 135 membros do seu quadro de funcionários que servem diariamente à comunidade com profissionalismo e dedicação".
- A lanchonete ofereceu desconto de 20% aos colaboradores da biblioteca durante todo o dia.

Quinta-feira

- Os gerentes prepararam ou compraram biscoitos, brownies, bolinhos, frutas, batatas fritas e outras guloseimas e entregaram-nas em cada departamento de manhã e à tarde usando um carrinho de lanches.

Sexta-feira

- Os funcionários ganharam um "dia informal" extra (geralmente limitado ao último dia útil do mês).

- Todos os colaboradores receberam pacotes de doces com a etiqueta "Muito obrigado por seu trabalho".

"O retorno que as pessoas nos deram com relação aos nossos esforços foi muito positivo", conta Cindy Wenz, gerente de recursos humanos da biblioteca. "Com exceção do anúncio de 150 dólares, pago com recursos fornecidos pelos Amigos da Biblioteca Pública de Carmel, todos os itens não custaram nada ou foram muito baratos – e financiados pelos membros da administração."

Diversão, jogos & concursos

A diversão é um ótimo motivador, pois acelera a agilidade do trabalho e ameniza o estresse. E ela tem se tornado cada vez mais importante, pois 40% dos funcionários dizem que o trabalho é muito ou extremamente estressante e 25% o consideram sua principal fonte de tensão, de acordo com o National Institute for Occupational Safety & Health. A diversão favorece também o aumento da produtividade. No Colorado Health Sciences Center em Denver, os colaboradores que assistiram a filmes engraçados de treinamento e participaram de oficinas divertidas apresentaram uma queda de 25% na ociosidade e um aumento de 60% na satisfação com o trabalho.

Entre os objetivos mais importantes que o divertimento proporciona estão a comunicação de uma informação fundamental e o estímulo a comportamentos ou desempenhos desejáveis. Uma boa maneira de fazer isso é por meio de jogos ou concursos. As informações ou comportamentos relevantes são destacados no processo, criando também um sentimento geral de entusiasmo. Os fatores-chave para uma atividade de sucesso são:

- Promover o programa e seus objetivos.
- Estabelecer metas realistas, alcançáveis e mensuráveis.
- Limitar o concurso a um período curto.
- Aplicar regras simples.

- Garantir que os prêmios sejam desejados pelos funcionários.
- Relacionar os prêmios diretamente com o desempenho.
- Premiar de imediato.

Sempre que fazemos coisas que contribuem para um clima alegre no trabalho, o entusiasmo do grupo é diretamente beneficiado. Planejar de forma cuidadosa atividades que sejam divertidas para as equipes pode servir também como uma poderosa fonte de união.

AÇÕES SIMPLES QUE AUMENTAM O ENTUSIASMO NO TRABALHO

1. Criar um quadro de avisos em que os funcionários possam publicar suas piadas, charges favoritas, etc.
2. Adicionar uma charge ou uma piada aos memorandos mais informais que circulam pelo departamento.
3. Marcar uma reunião de equipe fora da empresa numa atmosfera agradável. Se possível, complementá-la com um evento social informal.
4. Estabelecer o "Dia da Gravata Pavorosa" (ou das camisas malucas ou das meias espalhafatosas), com direito a um prêmio de gozação para o vencedor.
5. Formar grupos de apostas para um evento de destaque, como a final de um campeonato de futebol, a entrega do Oscar, etc.
6. Instituir um intervalo de relaxamento diário – por exemplo, pedindo a alguém que conte uma piada ou um acontecimento engraçado para todos no departamento.
7. Exibir um filme divertido ou um programa de televisão numa sala de reunião ou em outro espaço amplo durante o almoço.
8. Tirar fotos "secretas" dos funcionários e distribuí-las a todos no escritório.

9. Dar a todos a oportunidade de chegar uma hora mais tarde ou sair uma hora mais cedo uma vez por semana.
10. Jamais considerar as coisas de maneira demasiadamente séria. Ter sempre em mente: "O que estamos fazendo aqui não é uma cirurgia cerebral." (A menos que de fato *seja* uma cirurgia cerebral.)

> **"Acho importante se divertir no trabalho – e não apenas nos dias livres."**
> – Ellen Jackofsky (Professora adjunta da Southern Methodist University)

A Schwartz Communications, escritório de relações públicas em Waltham, Massachusetts, parece uma grande família, com os filhos dos colaboradores – e um cachorro da empresa – no local quase todos os dias. A companhia conta com sala de jogos, treinamento de criatividade, equipes esportivas e quatro cozinhas bem abastecidas. Também premia em dinheiro na hora por realizações especiais e compartilha os lucros com os funcionários. Quando os clientes renovam os contratos, o grupo responsável por esse serviço recebe um percentual anual. Paula Mae Schwartz, co-fundadora, diz: "Os colaboradores sentem-se motivados a apresentar um bom desempenho todos os dias porque sabem que os premiaremos de forma monetária, emocional ou educacional. Acho que as pessoas só dão tudo de si quando damos tudo de nós para elas."

No verão, o escritório de Rich Willis, da Paychex em Cherry Hill, Nova Jersey, compra potes de sorvete e os coloca num carrinho que roda por toda a empresa para que os funcionários se sirvam.

Na OOP!, loja de produtos variados e originais em Providence, Rhode Island, os funcionários têm permissão para comemorar "feriados" não convencionais, como a "Semana Nacional do Abraço", quando eles vão trabalhar vestidos de acordo com a ocasião. A loja não tem nenhum gasto com a iniciativa, que, na verdade, acaba atraindo clientes.

"As pessoas são mais criativas e produtivas quando realizam alguma coisa que de fato acham interessante. Portanto, divertir-se no trabalho não é uma idéia absurda, e sim muito sensata."

— John Sculley (Ex-presidente da Apple Computer)

O Charlestone Memorial Hospital em Fall River, Massachusetts, pediu a seus funcionários que levassem fotos de seus animais de estimação para afixá-las num quadro no refeitório. Todos se divertiram tentando adivinhar de quem eram os animais. A Jossey-Bass Publishers em São Francisco, Califórnia, usou uma idéia parecida para ajudar novatos a conhecer os colegas: solicitou-se aos colaboradores antigos que afixassem nas estações de trabalho fotos de família acompanhadas de legendas engraçadas.

A Ben & Jerry's conta com um comitê permanente, conhecido como "Gangue da Diversão", encarregado do planejamento de atividades recreativas. Ao longo dos anos, muitas pessoas receberam o título "chefão da gangue" por liderarem esse grupo na criação de idéias divertidas para o escritório. Na Perkins Coie LLP, há o "Comitê da Felicidade", composto por cinco funcionários anônimos que podem desenvolver atividades recreativas para a organização.

Por uma noite, durante o período natalino, a Walt Disney Company abre a Disneylândia exclusivamente para os fun-

"Uma empresa deve ser envolvente, divertida e exercitar o instinto criativo das pessoas."

– RICHARD BRANSON (Fundador do Virgin Music Group e da Virgin Atlantic Airways)

cionários e seus familiares. Os brinquedos são controlados pelos gerentes de alto escalão vestidos com fantasias. Além de ser muito divertido, esse evento permite que os colaboradores vejam o parque do ponto de vista do cliente. Uma série de atividades cria um clima de camaradagem e identificação com a organização Disney, incluindo programas de reconhecimento de colegas e pequenas festas informais. A satisfação de funcionários e clientes com a empresa está entre as mais altas no setor e é o elemento principal do seu sucesso.

"Até mesmo as pequenas idéias dão certo, como colocar charges sobre a mesa ou pedir a todos que tragam suas fotos da década de 1960. Não é preciso ser comediante para dar um toque divertido às coisas."

– MALCOLM KUSHNER (Presidente da Malcolm Kushner & Associates)

"Por oito minutos todas as tardes, faço com que os responsáveis pelos departamentos orientem os funcionários na realização de exercícios de alongamento em suas próprias mesas", diz Pam Wiseman, coordenadora de treinamento da Designer Checks em Colorado Springs, Colorado. "É meio bobo, mas di-

"Queremos trabalhar com pessoas que gostam do que fazem e que consideram o trabalho uma extensão de si mesmas."

– EMILY ERICSEN (Vice-presidente de recursos humanos da Starbucks Coffee Co.)

vertido, além de dar uma folga a todos. Acho que isso nos deixa mais produtivos e com uma sensação maior de bem-estar."

A Merle Norman Cosmetics em Los Angeles, Califórnia, compra maquiagem para suas colaboradoras. A empresa patrocina ainda a "Noite do Funcionário" a cada dois sábados nas instalações de produção de contêineres em San Fernando Valley, fora da cidade. Os colaboradores assistem a projeções de filmes e podem levar até seis amigos. Depois da sessão, eles e os convidados têm a oportunidade de fazer seus próprios sundaes de graça.

> **"Leve seu trabalho a sério, mas não faça isso consigo mesmo."**
>
> – Bob Nelson

Matt Weinstein, da Playfair, empresa californiana que organiza seminários divertidos, tem várias sugestões para manter o clima descontraído no trabalho. Ele recomenda proporcionar "intervalos alegres" durante os quais os funcionários possam ver charges ou escutar música. Outras idéias de Matt são:

- Instituir um dia em que os colaboradores possam usar roupas informais – por exemplo, a "Véspera de Carnaval" ou a "Sexta-feira da Bermuda".
- Planejar um lanche-surpresa.
- Mandar fazer broches com fotos antigas dos colaboradores. Eles devem usar os broches dos colegas e tentar descobrir quem é quem.

Agora a colaboração de Ritch Davidson, "vice-imperador sênior" da empresa:

- Estabelecer um dia em que qualquer pessoa que faça um comentário negativo pague uma multa – 25 ou 50 centavos – e usar o dinheiro para dar início ao fundo do "Comitê da Diversão".

- Antes de um feriado, fechar a empresa mais cedo e levar toda a equipe a um shopping. Depois das compras, reunir o pessoal para contar histórias.
- Dar uma festa sem nenhum motivo específico.
- Criar um prêmio ou um certificado engraçado relacionado a cada realização e conquista e estipular uma roupa e um chapéu especial que devem ser usados na "cerimônia de entrega".

A Children's Hospital/King's Daughters Corporation em Norfolk, Virgínia, realiza uma feira antiestresse para os funcionários, montando barracas de atividades recreativas e oferecendo massagens e comida.

"Para mim, existem dois grandes motivadores na vida. Um deles é o medo e o outro é o amor. É possível administrar uma empresa aplicando o primeiro, mas, nesse caso, as pessoas não se empenham da forma como poderiam. Ninguém se dispõe a correr riscos quando se sente amedrontado ou ameaçado. No entanto, quando o amor é aplicado na gestão – ou seja, sempre que são tratados com respeito e confiança –, os funcionários começam a dar o melhor de si. Isso acontece porque nesse tipo de ambiente todos ousam correr riscos."

– Jan Carlzon (Presidente da SAS)

Na MCI, localizada em Ashburn, Virgínia, os gerentes uniram-se para realizar um filme. Cenas de produções célebres, como *Os caçadores da arca perdida*, foram reproduzidas com membros das equipes no papel dos atores. O projeto revelou-se uma ótima experiência integradora, e o filme foi exibido para todos os funcionários durante uma reunião.

Pequenos grupos de executivos da área de alimentação receberam uma câmera fotográfica e uma lista de legendas numa conferência da Society for Food Service Management em São Francisco, Califórnia. Após uma aula de 20 minutos sobre os pontos básicos da fotografia, eles tiveram duas horas para tirar fotos de suas equipes que combinassem com as legendas, que traziam mensagens como "Agindo com Ousadia" e "Espírito de Equipe". Claudia O'Mahoney, vice-presidente executiva da organização, diz: "A reunião foi um sucesso. As câmeras fizeram com que as pessoas usassem toda a sua criatividade."

Robert Marn da Chilcote Company em Cleveland, Ohio, realizou um bingo para ensinar aos funcionários os procedimentos corretos para reduzir o índice de acidentes e diminuir os pedidos de indenização contra a empresa. O número de acidentes caiu 56% no ano seguinte, o que representou uma economia de 21 mil dólares.

"O que aprendi de mais importante com as grandes empresas é que a criatividade fica reprimida quando todos têm que seguir as regras."

– David M. Kelley (Fundador da IDEO Product Development)

A Memtron Input Components em Frankenmuth, Michigan, criou sua própria versão do jogo Banco Imobiliário. Os gerentes levam caricaturas de si mesmos para serem usadas como peças do jogo e submetem listas de problemas que são transformadas em cartões de "Processo" e de "Sistemas". Os participantes lançam os dados, retiram uma carta e discutem as questões ou prestam reconhecimento a funcionários à medida que vão se movendo no tabuleiro.

> **"Para prosperar e se manter competitivo num mundo que não pára de mudar, é preciso fluidez e flexibilidade de humor."**
>
> – C. W. Metcalf (Presidente da Metcalf & Associates)

Para motivar os funcionários das linhas de montagem ou dos depósitos que já tenham cumprido suas cotas ou estejam com o trabalho adiantado, algumas empresas do Vale do Silício anunciam intervalos-surpresa de 15 minutos para que eles joguem basquete, pingue-pongue ou sinuca. Na Microsoft, os colaboradores costumam fazer uma pausa para jogar *frisbee.*

- **Faça um sorteio com os membros de um grupo de trabalho que venha se destacando e dê como prêmio uma noite de diversão, um fim de semana num resort ou um computador.**

ESTUDO DE CASO SOBRE DIVERSÃO & JOGOS

A diversão e os jogos são muito importantes na Robert W. Baird, empresa de serviços financeiros sediada em Milwaukee, Wisconsin. Alguns departamentos possuem "salas de humor", onde o pessoal pode relaxar montando quebra-cabeças ou jogando alguma coisa.

Numa filial, pediu-se que os representantes de vendas reservassem um tempo para uma reunião sobre "obediência obrigatória", ocasião em que assistiriam a um vídeo a respeito do assunto. Porém, ao chegarem ao local designado, assistiram a uma comédia, com direito a lanche, enquanto corretores atendiam os telefonemas para eles. Todos ficaram felizes com a oportunidade de fazer uma pausa, relaxar e curtir a tarde.

Outra filial comemora o Natal em julho. Certa vez, as famílias foram convidadas a participar de uma partida de boliche. Os gerentes compareceram vestidos de Papai Noel no verão, com camisa e calção vermelho, suspensórios, cabelo branco e barba.

A empresa realiza ainda vários concursos. O grupo de finanças públicas organizou a "Semana Fale como um Pirata", ocasião em que os funcionários usaram chapéus de pirata e foram julgados pelo desempenho. O departamento de informática patrocinou uma corrida de três pernas, e a equipe vencedora recebeu autorização para sair mais cedo.

A Remington Products, Inc., fabricante de produtos de higiene sediada em Shelton, Connecticut, realizou um concurso com o tema "O Que Faz da Remington uma Boa Empresa?". Os prêmios incluíram uma viagem a Acapulco, que foi concedida a um colaborador que enviou um poema sobre a companhia.

"Devemos dar autonomia às pessoas no trabalho. É preciso que elas tenham a chance de agir e de se superar. É necessário que tenham liberdade para se divertir."

– Mike Cudahy (Presidente da Marquette Electronics, Inc.)

A Hardee's Food Systems, cadeia de lanchonetes sediada em Saint Louis, Missouri, realizou a "Competição da Excelência", evento em que equipes de três pessoas de cada uma das mais de 2 mil unidades da rede competiram com outras Hardees em seus distritos. Os grupos foram julgados pelos gerentes regionais em relação às três qualificações básicas de um profissional desse setor – atendimento, organização do produto e limpeza da área de trabalho – e à maneira como atuam juntos.

As equipes vencedoras participaram da fase seguinte, as competições regionais. Sete finalistas foram levados à sede da empresa, onde receberam prêmios em dinheiro correspondentes a cada nível. Os vencedores da competição nacional ganharam 1.500 dólares cada um. Todos os finalistas nacionais viajaram no jato da companhia, passearam de limusine pela cidade e receberam tratamento de primeira classe.

Em outra competição, os funcionários "flagrados fazendo algo certo" ganhavam prêmios na forma de pontos. No fim de todo trimestre, as lanchonetes de cada área (cinco a sete unidades) davam uma festa em que os colaboradores usavam os pontos para concorrer a itens como camisetas, televisores e videocassetes.

> **"O riso é a menor distância entre duas pessoas."**
>
> – Victor Borge (Humorista)

Para promover o conhecimento dos produtos, a BI Performance, empresa voltada para o aprimoramento de desempenho, sediada em Minneapolis, Minnesota, faz com que o pessoal de vendas ligue para um número gratuito e se submeta a um teste de conhecimento de produtos por telefone. Durante a prova, um computador escolhe aleatoriamente 15 a 20 perguntas de um conjunto de 200. Os colaboradores que acertam 80% das questões ganham itens na hora.

A Domino's, Inc., sediada em Ann Arbor, Michigan, organiza uma olimpíada interna anual com a realização de atividades variadas, como contabilidade, preparo de massas, corte de legumes, carregamento de caminhões e limpeza de fôrmas. A empresa dá um prêmio de 4 mil dólares aos campeões nacionais em cada uma das 16 categorias. O líder de equipe que supervisiona o maior número de "medalhistas de ouro" ganha uma viagem.

A associação de hotéis da cidade de Nova York realizou a "Olimpíada Hoteleira" para prestar reconhecimento aos funcionários. Os chefs tiveram que preparar uma salada *caesar* e um aperitivo de sua escolha. Aos atendentes do bar foi pedido que elaborassem um Manhattan e criassem uma receita de drinque. O tempo que as camareiras levavam para fazer as camas foi cronometrado e ainda se verificou se os lençóis estavam bem esticados. Os garçons tiveram quatro minutos para percorrer 243m carregando uma bandeja com taças de champanhe derramando o mínimo possível. Todos os concorrentes receberam prêmios em dinheiro, bolsas e refrigerantes. Além disso, o pessoal que tirou o primeiro lugar ganhou câmeras e viagens para Las Vegas e a Califórnia, os segundos colocados foram presenteados com televisores e os classificados em terceiro lugar receberam relógios Bulova.

> **"Os prêmios incomuns e que impressionam geram um alto grau de interesse."**
>
> – Revista *Incentive*

A CUNO, fabricante de filtros e purificadores de água em Meriden, Connecticut, sabia que seus representantes atacadistas não venderiam seus produtos sem conhecê-los bem. Para mudar esse quadro, os gerentes enviaram 5 mil guias de treinamento sobre problemas de qualidade da água, com um teste de múltipla escolha contendo 50 questões. Os representantes tiveram que estudar os manuais, ligar para um número gratuito e responder a 10 perguntas aleatórias de uma lista de 50. Quem acertasse 80% ou mais das respostas ganhava um boné personalizado, uma caneca, um adesivo de carro e um certificado de especialista em purificação de água. Dos 1.900 representantes que se inscreveram, 1.000 receberam os certificados.

Para estimular a participação, a CUNO estabeleceu que os distribuidores que se inscrevessem poderiam participar de um sorteio de 82 prêmios, incluindo televisores, rádios e conjuntos de caneta e lápis. A empresa identificou aqueles que não haviam ligado e os incentivou a ler o manual e fazer o teste. Depois de receberem os certificados, os representantes de vendas passavam a concorrer a um prêmio de segundo nível. Qualquer um que vendesse 15 produtos em 45 dias era presenteado com uma jaqueta de náilon que trazia seu nome e o logotipo da organização. Foram distribuídas 140 jaquetas.

Por fim, a CUNO incluiu 15 "ligações misteriosas" durante o período promocional, perguntando aos distribuidores que sistema de purificação de água eles ofereciam. Todos os 15 atacadistas responderam corretamente e ganharam 100 dólares cada um.

A Tupperware, sediada em Orlando, Flórida, realiza competições de quatro meses e desafios de duas ou três semanas durante o ano. Em ambos os casos, os colaboradores premiados por vendas expressivas e esforços de recrutamento ganham pontos que podem ser trocados por produtos do catálogo. Quem atinge ou ultrapassa as cotas de vendas concorre a uma semana em Puerto Vallarta, México, com direito a acompanhante, ou a um cruzeiro de sete dias.

Para combater a alta rotatividade entre os cerca de 90 mil representantes, a empresa desenvolveu um programa de incentivo ao recrutamento. Aqueles que recrutam pelo menos um representante em setembro – mês em que a rotatividade atinge o pon-

> **"De vez em quando, é bom dar uma pausa em nossa busca pela felicidade e simplesmente sermos felizes."**
>
> – Guillaume Apollinaire (Poeta e crítico francês)

to alto – recebem um presente de porcelana. A Tupperware ganhou 3.000 novos colaboradores a mais do que esperava.

Don Lundberg, vice-presidente e caixa do Peoples National Bank em Kewanee, Illinois, descreve um concurso para as ações de marketing de novos cartões de crédito MasterCard e Visa. Os funcionários ganham brindes de acordo com o número de novas contas que conquistam. Para cada quatro novas contas, eles recebem uma flor. A cada cinco contas adicionais, têm direito aos seguintes itens: um vale-brinde de 5 dólares para uma sorveteria, descontos nas taxas do cartão, um vale-restaurante de 15 dólares, uma conta de poupança de 100 dólares, uma folga remunerada, um passeio de barco e 25 dólares.

A US Motivation, firma de incentivo em Atlanta, Geórgia, convenceu o rei e a rainha da Suécia a patrocinar um concurso de vendas para um grupo de funcionários americanos de uma fábrica de vinil de propriedade sueca. Durante o evento, os monarcas enviaram cartas aos colaboradores sobre etiqueta real, fotos autografadas e presentes, como cristal sueco, para os que estavam atingindo as metas. Os prêmios foram entregues pelo casal real num jantar filmado, promovido fora de Estocolmo.

Celebrações, festas & eventos especiais

Celebrações, festas e eventos especiais são formas mais organizadas de reconhecimento público. É muito comum as empresas realizarem festas de confraternização no fim do ano, porém as comemorações em grupo são mais eficazes quando relacionadas ao *desempenho* das equipes ou da organização. Com certo planejamento, é possível tornar qualquer evento desse tipo uma forma significativa de reconhecimento.

Os funcionários da SCOOTER Store, sediada em New Braunfels, Texas, organizam comemorações espontâneas para os colegas que fazem algo excepcional. Nessas ocasiões, eles costumam trocar tapinhas nas costas, jogar confete e fazer um grande alvoroço, com direito a buzinas e apitos. Os convidados de honra sentem-se orgulhosos de seu trabalho e da empresa. Certa vez, o departamento de verificação de seguros da loja programou um concurso com as seguintes regras: caso determinado recorde fosse atingido, o gerente iria trabalhar usando um vestido escolhido pelos supervisores. Além disso, um dos mem-

> **"Comemore aquilo que você quer que se repita mais vezes."**
>
> – Tom Peters (Escritor e consultor administrativo)

bros da equipe o maquiaria. Os colaboradores fizeram mais do que bater a meta: eles a superaram.

Para comemorar o cumprimento de uma meta, Nancy Lauterbach, proprietária da Five Star Speakers & Trainers em Overland Park, Kansas, fechou o escritório e levou todos os funcionários ao cinema e a um restaurante para um café. No cinema, eles receberam dinheiro para lanches. Em outras ocasiões, a empresa estabeleceu um dia para que os colaboradores se vestissem de maneira informal. Foi um modo de premiá-los pelo esforço especial.

Jon Holmes, do restaurante Chick-fil-A no Anderson Mall & Clemson Boulevard em Anderson, Carolina do Sul, promove um jantar anual para sua equipe. Na ocasião, todos os colaboradores são presenteados. Holmes acredita que o segredo para manter os funcionários é mostrar que a gerência se importa com eles, comparecendo a reuniões e jogos do grupo e animando as competições.

"A diversão é o melhor motivador que existe. Quando as pessoas gostam da empresa, elas produzem mais."

— Dave Longaberger (Presidente da Longaberger Co.)

A Arbitron, responsável por conferir o nível de audiência das rádios nos Estados Unidos, comemora o cumprimento de uma meta importante com jantares e festas. Ao concluir uma fase de seu Projeto México, a empresa fez uma comemoração com *tacos*, música mexicana e sombreiros. Além disso, o departamento financeiro reúne-se anualmente para prestar reconhecimento aos colaboradores com o "Prêmio Top Dólar": um presente divertido que muda todo ano e é dado junto com uma placa com os nomes dos funcionários.

- **Dê uma festa de agradecimento ou de boas-vindas sempre que um funcionário sair de sua unidade ou começar a trabalhar ali.**

O McDonald's realiza diferentes atividades motivacionais para grupos distintos de colaboradores – de adolescentes a funcionários mais velhos. "Trinta anos atrás, organizar um jogo anual entre as pessoas era o bastante para satisfazê-las", diz Dan Gillen, diretor de pessoal. "Hoje precisamos personalizar nossos incentivos de acordo com a natureza específica do quadro de pessoal."

Uma unidade pode realizar o "Baile Sênior", uma chance para que seus funcionários mais velhos se encontrem fora do trabalho, ou organizar um jantar informal num restaurante ou na casa de um gerente.

Para os colaboradores adolescentes, a empresa estabeleceu um horário flexível de trabalho, de modo que eles possam conciliar aulas, provas e tarefas escolares. "Quando eu era o capitão da minha equipe de futebol na escola, tirei um mês de folga durante o período mais puxado dos campeonatos", diz Gillen. No dia da formatura, os funcionários são substituídos por colegas de outras áreas para que possam comparecer à cerimônia.

A Alaska Airlines realiza uma festa anual para as crianças num de seus hangares. Os funcionários transformam o lugar num acampamento de inverno todo decorado, com direito a pizza, biscoitos, algodão-doce, pipoca, brinquedos infláveis, animadores e palhaços. A melhor parte, entretanto, é quando as portas do hangar se abrem e um dos aviões (com o bico pintado como uma rena) aparece. Um colaborador se veste de Papai

Noel e sai do avião com seus duendes (as crianças acham que a aeronave acaba de chegar do pólo norte). Nesse momento, os 2.500 funcionários e seus familiares vão à loucura.

"Prefiro as coisas espontâneas. O que mais odeio é rotina e atividades previsíveis, como o passeio anual da companhia. Acho importante que haja humor e riso: isso dá um toque especial à organização. É mais uma coisa que nos faz querer levantar da cama de manhã e ir trabalhar."

– JOEL SLUTZKY (Presidente da Iteris, Inc.)

O escritório da agência de propaganda DDB em Sidney, Austrália, organiza ótimas festas de fim de ano, todas com uma bela decoração, música ao vivo, coquetéis temáticos e comida refinada. Greg Tremain, encarregado sênior do grupo de mídia, diz: "Anunciamos o nome do 'Funcionário do Ano', fazemos uma cerimônia de premiação de brincadeira e exibimos um vídeo de todos os comerciais que realizamos durante o ano. O pessoal fica extremamente motivado com o evento."

- **Convide os funcionários para uma comemoração especial em sua casa e faça uma demonstração de reconhecimento na frente dos colegas e cônjuges.**

Na Dow Chemical Company em Midland, Michigan, os gerentes realizaram o Festival do Sorvete – eles prepararam e serviram sorvetes aos funcionários como forma de agradecimento pelas realizações alcançadas.

Lucian LaBarba, presidente da American FoodService, queria organizar uma atividade que agradasse a todos os funcionários e seus familiares. Por sugestão de suas filhas, ela optou pela apresentação de um circo. A atração, planejada e intitulada "O Maior Espetáculo de Food Service da Terra", revelou-se o evento de maior sucesso já promovido pela empresa. A direção o repetiu no ano seguinte, comprando cerca de 500 ingressos. Cada pessoa recebeu ainda 5 dólares em "notas do circo" para gastar naquele dia.

> **"A remuneração pelo desempenho é tão importante quanto o riso."**
>
> — Daniel Finkelman (Diretor da McKinsey & Company)

A Access Destination Services em Long Beach, Califórnia, organiza muitos eventos com temas especiais, como os churrascos indígenas no Indian Canyon, um oásis com palmeiras enormes no sopé das montanhas de Santa Rosa. Autênticas dançarinas e cantoras de Cahuilla apresentam-se no evento enquanto ceramistas e tecelãos exibem suas criações na feira indígena. Dublês profissionais encenam um tiroteio, e os convidados – usando chapéus de caubói e bandanas – podem dançar ao som de uma banda country.

A Viacom em Nova York tem sua própria versão do Oscar em várias categorias, como atendimento ao cliente, liderança, inovação e trabalho em equipe. As indicações podem ser feitas por funcionários de qualquer nível hierárquico.

- **Peça a um amigo do funcionário que sugira um presente ou atividade de que ele possa gostar.**
- **Planeje um churrasco em homenagem a uma pessoa durante uma reunião da empresa.**
- **Distribua adesivos com mensagens que tenham a ver com a personalidade de cada colaborador.**

Excursões & viagens

Em uma pesquisa realizada com trabalhadores americanos, 77% disseram considerar uma viagem a um lugar interessante um incentivo muito bom. Esse tipo de prêmio apresenta muitas vantagens: é extremamente desejável e de fácil promoção, favorece o espírito de equipe e a instrução de maneira exclusiva e desperta um sentimento de orgulho nos funcionários premiados. Entretanto, existem alguns pontos negativos: as viagens são caras; os colaboradores se ausentam do escritório; é preciso esforço e experiência para criar um programa de viagens de alta qualidade; e, em geral, somente um pequeno número de pessoas consegue essa premiação.

> **"Um dos objetivos mais importantes de se dar uma viagem como prêmio é fomentar a fidelidade e o carinho pela empresa."**
>
> – JENNIFER JUERGENS (Ex-redatora chefe da revista *Incentive*)

A Incentives to Intrigue, empresa sediada em São Francisco, Califórnia, conta com uma equipe de escritores, produtores e atores que cria um script para ser usado num jogo de solução de assassinato ou numa caça ao tesouro. Um evento desse tipo foi realizado para um grupo de funcionários durante um jantar no trem para a região vinícola do vale do Napa. As fantasias, decorações dos vagões e atividades lembravam a Primeira Degustação Internacional de Vinhos durante a I Guerra Mundial.

A Kaiser Permanente em Pasadena, Califórnia, estimula as equipes de trabalho a usar os prêmios em dinheiro em atividades coletivas. Os grupos vencedores já foram assistir a um jogo de beisebol e viajaram de trem à região vinícola do vale do Napa – os dois passeios em dias úteis.

- **Mande um funcionário para um spa por um dia ou por um fim de semana.**
- **Pague todas as despesas de um colaborador num fim de semana, incluindo cuidados com as crianças.**

A Brier & Dunn organiza jantares temáticos no recanto dos leões do zoológico de São Francisco, Califórnia, com muitas plantas e músicas da floresta. A empresa realiza ainda jantares privados em clubes de iatismo, precedidos por uma regata ou cruzeiro, além de jantares black tie em mansões históricas. Outra de suas atrações é a "Grande Caça ao Tesouro Americano", um passeio em que as equipes exploram os bairros da cidade de carro para descobrir os pontos históricos.

Dick Eaton, proprietário da Leapfrog Innovations, sediada em Medford, Massachusetts, promove gincanas na cidade para clientes corporativos, com o objetivo de estimular o trabalho em grupo e aumentar a motivação. A Mercer, Inc., sediada em Nova York, também organiza uma gincana para orientar membros de equipes que viajam para outras cidades. Pede-se, quando chegam, que eles visitem os escritórios dos clientes, grandes hotéis e o centro de convenções colhendo "provas" de sua passagem em cada local.

Warren R. Doane, vice-presidente sênior da Founders Title Company em Salt Lake City, Utah, sugere várias formas de prêmios de reconhecimento, incluindo transporte de limusine para almoços e jantares, estada numa pousada, fim de semana numa região de lagos, passeios de barco e de trem, uma noite de jogo de futebol para todos os funcionários e um almoço servido por gerentes vestidos de fraque.

Quando a Nelson Motivation, Inc. em San Diego, Califórnia, atingiu as metas trimestrais de receita, a empresa levou todos os colaboradores para passar um dia na Disneylândia. Eles foram numa limusine dirigida por um homem que faz *cover* de Elvis Presley. Em outras ocasiões, a companhia liberou todos os colaboradores para ir à praia, ofereceu um dia num spa e pagou uma viagem a Nova York para os membros da equipe e seus cônjuges numa comemoração que durou uma semana.

A SCA Packaging North America, sediada em New Brighton, Pensilvânia, tem uma forma inovadora de premiar os gerentes seniores que se destacam em liderança. Eles ganham uma viagem à fábrica da empresa em Bowling Green, Kentucky, onde passam um dia com o pessoal da linha de produção. Da mesma forma, os funcionários da fábrica que se destacam em produtividade ou oferecem idéias inovadoras e de redução de custos são presenteados com uma viagem a qualquer um dos escritórios comerciais da companhia nos Estados Unidos ou no Canadá.

A PricewaterhouseCoopers, empresa de consultoria, homenageia seus 10 melhores colaboradores com prêmios em dinheiro e viagens de cinco dias a Nova York.

Nas empresas Dr. Pepper/Seven-Up, a cada dólar que os funcionários de marketing economizam em passagens aéreas, contas de hotéis e refeições durante viagens de negócios, eles ganham pontos para terem direito a férias de uma semana com acompanhante num resort. São premiadas as duas pessoas que acumulam mais pontos ao longo do ano. Os colaboradores diminuem os gastos optando por vôos de conexão em vez de vôos diretos, viajando no fim de semana, hospedando-se em hotéis mais baratos e fazendo as refeições em restaurantes mais simples.

> **"As empresas, seja qual for o tamanho do setor em que atuam, há muito compreenderam o poder da viagem de incentivo para aumentar a produtividade e o desempenho no trabalho."**
>
> – Revista *Incentive*

A Molson Breweries USA organizou um passeio de casa-barco com 325 funcionários de mais de 80 de suas distribuidoras no país. Eles participaram de um jantar informal com colegas num resort, onde assistiram a uma breve apresentação sobre segurança e manejo de uma casa-barco. Depois, formaram-se grupos de 6 a 10 componentes e cada um deles ocupou um barco desse tipo. Nos cinco ou seis dias seguintes, as pessoas passearam num lago e realizaram atividades opcionais, como excursões a parques e rafting em grupo. No último dia, houve uma festa de despedida. Rick Clay, vice-presidente comercial da empresa, diz: "Passar um tempo num barco é muito relaxante, pois é um dos poucos lugares onde não há telefones. Esse tipo de programa realmente nos dá a oportunidade de conversar."

Todos os gerentes da Quad/Graphics, Inc. em Pewaukee, Wisconsin, têm direito a uma viagem anual gratuita a Nova York. A empresa compra as passagens de avião para dois funcionários e os deixa usar o apartamento que tem na cidade.

Quando a Leo Burnett Worldwide atingiu 1 bilhão de dólares em receitas de propaganda, todos os funcionários dos seus escritórios em Nova York e Hollywood viajaram de primeira classe a Chicago, Illinois, onde participaram do café da manhã anual comemorativo da empresa.

- **Para uma aventura emocionante, ofereça um curso básico de pára-quedismo que inclua o primeiro salto.**
- **Passeios de planadores e vôos de asa-delta são também muito atrativos para os que gostam de aventura.**

Parte V

PRÊMIOS POR REALIZAÇÕES ESPECÍFICAS

Tudo o que foi discutido até agora pode ser usado para estimular uma grande variedade de comportamentos. Nesta seção, você encontrará exemplos empregados para incentivar tipos *específicos* de desempenho: cumprimento de metas de vendas, atendimento ao cliente, sugestões de funcionários, produtividade e qualidade e assiduidade e segurança. Muitos dos casos descritos contêm vários aspectos ou metas de desempenho e costumam ser parte de um programa formal.

Como mostrei anteriormente, os programas formais apresentam muitas vantagens. Eles usam o poder do reconhecimento público, que é um motivador significativo para um grande número de funcionários. Como tendem a ser contínuos, oferecem uma estabilidade com a qual os colaboradores passam a contar. Se os programas empregarem critérios claros e objetivos, eles podem evitar elementos de subjetividade e favoritismo que às vezes comprometem os tipos mais informais de reconhecimento.

A desvantagem dos programas mais formais é que eles costumam perder o encanto, tornando-se previsíveis e entediantes com o passar do tempo, a não ser que sejam renovados e que sua relevância seja mantida por meio de mudanças e melhorias periódicas – ou que outras pessoas com energia e idéias diferentes estejam sempre se revezando à frente dessas iniciativas. Por serem públicos, os programas formais podem ser prejudicados por deslizes. Por exemplo, quando uma pessoa ou equipe merecedora é omitida, quando prêmios prometidos não são concedidos ou são entregues tarde demais e quando a gerência não se envolve ativamente com essas ações nem as apóia.

Em um artigo na *Workforce Management*, Philip C. Grant enfatiza a importância da atenção constante aos sistemas corporativos de premiação. Sua mera existência não garante que eles venham a ser valorizados nem que causem algum efeito sobre a motivação e a satisfação das pessoas. Assim, os gerentes devem administrá-los. Eles podem fazer isso de diversas maneiras. Por exemplo:

- Relacionando os prêmios às necessidades – Os sistemas de premiação têm que ser flexíveis, pois cada funcionário apresenta necessidades diferentes. Se possível, os prêmios devem ser adaptados a cada colaborador.
- Garantindo que os prêmios sejam dados de maneira justa – Todo funcionário precisa estar convencido de que os prêmios são justos tanto em relação às exigências do seu trabalho quanto ao que os profissionais que executam atividades similares em outras empresas recebem.
- Assegurando que o momento seja oportuno – O ideal é agendar entregas freqüentes de prêmios para que estes sejam concedidos aos funcionários imediatamente após o reconhecimento de suas realizações.
- Entregando os prêmios em público – As homenagens não devem ser feitas em particular, na sala do colaborador. O procedimento é marcar uma reunião especial para a ocasião e não camuflar os prêmios. É necessário que eles sejam destacados. Os elogios têm que ser a atração principal do encontro.
- Enfatizando o valor dos prêmios – Quando os gerentes mostram entusiasmo com relação a um prêmio no mo-

mento em que o entregam, eles ressaltam o valor que os funcionários percebem naquela homenagem. Entretanto, é necessário tomar cuidado para não cometer exageros. Conversas constantes sobre a grande importância de um prêmio podem acabar parecendo ridículas.

Cumprimento de metas de vendas

Um dos elementos mais facilmente mensuráveis na maioria das empresas é o cumprimento das metas de vendas, e não é segredo que os colaboradores tendem a ficar altamente motivados tanto com o reconhecimento quanto com o dinheiro. Por isso, os recursos usados para reforçar as vendas são lugares-comuns. Mas a forma como se fortalece o sucesso nessa atividade pode variar imensamente.

> **"Os programas de incentivo podem fazer diferença dando prêmios visíveis que aumentem a confiança e o reconhecimento."**
>
> – Tom Mott (Líder de serviços de compensação de vendas, Hewitt Associates)

Quando John Gurden alcançou sua meta mensal de 125 mil dólares em vendas de sistemas de processamento de voz, David Woo, presidente da Automatic Answer (de propriedade da Amanda Company) em San Juan Capistrano, Califórnia, perguntou o que ele gostaria de receber como prêmio. Sua resposta foi: "Crie o 'Dia do John'." Em pouco tempo, espalharam-se faixas por todos os escritórios com os dizeres "Dia do John", e as recepcionistas atenderam o telefone dizendo: "Bom dia! Feliz 'Dia do John'!" Woo também deixou Gurden usar sua sala naquele dia e lhe deu uma foto especial daquela data num almoço comemorativo.

Sempre que os funcionários superam uma meta mensal, a Turbo Management Systems faz uma comemoração nas tardes de sexta-feira levando toda a equipe de vendas para passear. Os colaboradores tiram fotos do passeio e depois as exibem num quadro de avisos.

"Os agradecimentos diários e informais são muito importantes. As felicitações que recebo por telefone da administração quando supero uma meta de vendas também são muito especiais. Sem o toque pessoal, esse trabalho significaria apenas dinheiro, que por si só não consegue me motivar tanto. Considero o reconhecimento muito significativo, além de me fazer sentir orgulho."

— IRENE ELLIOTT (Executiva de contabilidade da United Postal Savings Associates)

Nada se compara a um bom desafio para estimular uma equipe. Num almoço numa pizzaria realizado para comemorar um mês de excelentes vendas, Michael Phillips, diretor comercial da Korry Electronics em Seattle, Washington, disse aos integrantes da sua equipe que, se eles batessem um novo recorde, ele rasparia a cabeça. Phillips conta: "Todos se envolveram tentando quebrar o recorde, inclusive os clientes. Os funcionários do departamento de troca e garantia chegaram a prever trabalho dobrado." À medida que o grupo se aproximava do recorde, Phillips saiu colocando avisos nos monitores informando que não seria possível trabalhar porque os computadores estavam fora do ar. "Aquilo colocou mais lenha na fogueira", lembra ele. Para celebrar o mês "inacreditável", esse diretor comercial raspou a cabeça na presença de 565 colaboradores durante a festa de 60 anos da Korry. Os funcionários que haviam fechado as maiores vendas foram os primeiros a dar tesouradas no cabelo do seu supervisor. O evento contou ainda com a presença de clientes-chave e vendedores de todo o mundo.

Manish Mehta, presidente da ELetter em Portland, Oregon, disse que trabalharia de salto alto durante um dia se a empresa atingisse uma meta ambiciosa de vendas. Ele teve que cumprir a promessa. Depois disso, os funcionários sugeriram que ele usasse um vestido, caso a ELetter batesse outro recorde. Mehta explica: "Podemos cobrir a oferta de outras companhias, mas, para fazer com que os colaboradores fiquem, precisamos tornar o trabalho mais divertido."

Um ex-gerente da Paychex em Seattle, Washington, criou um concurso de vendas com a seguinte regra: os especialistas em folha de pagamento ganhariam bilhetes de um sorteio para cada indicação que recebessem como bons profissionais. No fim da semana, ele sorteava prêmios, que geralmente solicitava dos próprios clientes, como serviço grátis de manicure no salão de alguém ou um pequeno televisor. Os funcionários cujos nomes eram sorteados giravam a roda de prêmios, toda colorida e com 1,5m de diâmetro. Era sempre engraçado quando um homem ganhava manicure de graça.

A SCOOTER Store, sediada em New Braunfels, Texas, adotou um programa de um mês para reconhecer diariamente os nove vendedores com melhor desempenho. Esses "feras" revezavam-se para "roubar" a cadeira de um executivo por um dia no programa "A Dança da Cadeira do Executivo". Os eventos contaram com a presença dos executivos, que tiraram fotos com os "feras", depois exibidas na rede interna da empresa.

Para os representantes comerciais da Valassis, empresa de marketing em Livonia, Michigan, que produz encartes para jornais em todo o mundo, entrar para o "Hall da Fama" da companhia é o prêmio de maior prestígio. Como critério, eles usam as vendas e a liderança, e os vencedores são escolhidos pelos membros do "Hall da Fama". Depois que os colaboradores são selecionados, suas fotos são penduradas nesse badalado espaço, que fica na matriz da companhia. Os prêmios são entregues na "Cerimônia Anual de Premiação de Vendas e Visão", que atrai cerca de 600 colaboradores todo ano.

Bruce Smith, presidente da Safety Vision, que comercializa câmeras de segurança em Houston, Texas, instituiu uma medida criativa em resposta à queixa dos funcionários do serviço de atendimento de que eram menos apreciados do que os vendedores. Todos os meses, ele dá a cada representante comercial uma ficha azul de pôquer para que eles presenteiem os atendentes por seus esforços para fechar um negócio ou para satisfazer um cliente. Os escolhidos têm direito a retirar um prêmio de uma cartola – de jantares a canetas Mont Blanc. Smith diz: "Isso aumenta o entusiasmo das pessoas com relação ao que elas fazem e ainda proporciona reconhecimento especial."

A Talking Book World, sediada em Michigan, coleta os registros diários das vendas de suas lojas e encaminha os resultados para todos os franqueados. As unidades que estiverem encabeçando a lista são convidadas pelas demais a compartilhar suas histórias de sucesso. As lojas nas piores colocações se esforçam para melhorar seu desempenho e encabeçar a lista na semana seguinte.

Gail Herenda, da Supercuts em Fort Lee, Nova Jersey, separou os funcionários em equipes que competem para vender produtos para cabelo. Cada item vendido é representado por um adesivo no formato de formiga, que é colocado no cartaz do grupo. No fim da semana, a equipe que tiver o maior número de formigas ganha um almoço.

A Cincinnati Business Courier, em Ohio, oferece vários incentivos aos vendedores que atingem metas individuais ou em grupo. Alguns exemplos incluem: uma tarde no cinema ou num estádio, serviços de faxina doméstica e dinheiro para ser gasto no shopping, seguido de um encontro em que os funcionários contam o que compraram.

Como gerente comercial na Westinghouse em Los Angeles, Califórnia, Robert Partain deu um churrasco para sua equipe na primeira vez que o pessoal alcançou a meta de vendas. Ele prometeu repetir o evento quando os representantes atingissem a meta novamente. Dezessete meses depois, Robert tinha feito 16 churrascos – só falhou no mês em que houve um terremoto no estado.

"Imagine que todas as pessoas que você conhece trazem um letreiro na testa dizendo: 'Faça com que eu me sinta importante.' Além de ser bem-sucedido nas vendas, você terá sucesso na vida."

– Mary Kay Ash (Fundadora da Mary Kay, Inc.)

Richard Meyerson, presidente da Traveltrust Corporation em Encinitas, Califórnia, ofereceu-se para reformar um quarto para um novo bebê na casa de uma gerente comercial, caso essa funcionária atingisse as metas de vendas. Durante a reforma, ela ficou numa casa da companhia.

"Tento me colocar no lugar deles", diz Jennifer Hurwitz, que elabora programas de incentivo para os funcionários da LensCrafters, uma óptica em Mason, Ohio. Por exemplo, as novas lojas, que apresentam expectativas de mais de 100 mil dólares em vendas durante a semana de inauguração, recebem atenção especial para ajudar as equipes a atingir essa meta. Toda a empresa acompanha os números diários, que são transmitidos eletronicamente. Segundo Hurwitz, no último dia, se a loja estiver se aproximando do resultado esperado, o presidente e as pessoas-chave da matriz pegam um avião da empresa e vão até lá nas horas finais para motivar e auxiliar os colaboradores. "Depois, todos saem para jantar e participam de um festão, com prêmios distribuídos ali mesmo para os que contribuíram", diz ele.

A Advanced Micro Devices, que fabrica e comercializa circuitos monolíticos integrados em Sunnyvale, Califórnia, lançou uma atrativa campanha de vendas para atingir a meta de 200 milhões de dólares. O prêmio era nada menos do que uma casa. Os nomes de todos os colaboradores foram depositados numa cartola, de modo que eles pudessem participar do sorteio, caso esse resultado fosse alcançado. A vencedora foi Jocelyn Lleno, que trabalha na linha de produção da fábrica. Ela foi presenteada com um cheque de 1.000 dólares e ficou de receber o mesmo valor todos os meses nos 20 anos seguintes para adquirir uma residência. Outros dois funcionários ganharam Cadillacs.

Quando a Levi Strauss & Company, sediada em São Francisco, Califórnia, alcançou 1 bilhão de dólares em vendas, os executivos premiaram os funcionários com mais de 2 milhões de dólares em ações e dinheiro. Em 1979, ano em que a empresa superou a marca de 2 bilhões de dólares, os colaboradores voltaram a receber prêmios significativos em dinheiro.

A Paychex em Rochester, Nova York, premia os representantes comerciais com anéis de ouro quando atingem a marca de 300 novos clientes em sua carreira. Com um total de 500 clientes, eles recebem um diamante para o anel. Depois de conquistarem 1.000 e 2.000 clientes, são presenteados com diamantes adicionais. Gene Polisseni, vice-presidente de marketing, diz que o programa prestigia aqueles que, embora não ganhem os concursos anuais de vendas, sempre mostram desempenhos excelentes.

"Uma viagem a um lugar exótico, dentro ou fora do país, é o prêmio mais cobiçado pelos 60 integrantes da minha equipe de vendas. Ela permite que as pessoas se afastem de uma vida agitada e fiquem com a sensação de que o esforço valeu a pena."

– John Franz (Presidente da Brasseler USA, Inc.)

A Checkpoint Systems, empresa de Thorofare, Nova Jersey, que produz sistemas de segurança, nomeia oito vendedores que se destacam para o "Clube Presidencial". Os membros do clube atuam como um conselho consultivo para os executivos da empresa e ganham uma viagem em grupo de cinco dias para lugares como Bermudas e Acapulco.

A IBM faz com que os funcionários ajudem a gerar demanda para novos produtos, premiando os destaques com medalhas. Qualquer colaborador que leve 15 clientes em potencial à companhia para uma demonstração de um novo software de sistema operacional ganha uma medalha de bronze. Acima disso, são concedidas medalhas de prata e de ouro.

- **Estabeleça as premiações para o "Funcionário do Mês" com base em alta produtividade, qualidade ou vendas; maior aperfeiçoamento; menor taxa de ausência ou qualquer outro aspecto que você julgue importante. Coloque uma foto do colaborador num lugar de destaque e o homenageie durante todo o mês com almoços ou outros eventos.**

Chuck Piola, vice-presidente executivo de vendas da NCO Financial Systems em Horsham, Pensilvânia, conta como instituiu um novo prêmio para vendedores juniores em sua empresa. "Um rapaz recém-formado finalmente fez um negócio espetacular em determinado mês. Então, eu o levei a uma loja e comprei um terno para ele." Piola também empresta seu Mercedes aos colaboradores por um fim de semana para que eles sintam como é ser um vendedor de alto nível na NCO.

O programa de incentivo da United Insurance Company of America oferece um guia de gestão por objetivos, segundo Richard L. Lauderdale, diretor de apoio mercadológico dessa empresa sediada em Chicago, Illinois. "Todo vendedor, qualquer que seja seu nível de desempenho, pode escolher uma meta dentro do programa e tentar alcançá-la. O maior resultado é o crescimento das pessoas, que batalham para atingir os objetivos."

Na Nelson Motivation, Inc., em San Diego, Califórnia, um consultor comercial superou as metas em 187% em apenas sete meses. Percebi que ele sempre brincava com carrinhos de brinquedo enquanto falava no telefone. Certa vez, o chamei e disse: "Anote este telefone. Acabei de alugar um Porsche para você por uma semana." Sua primeira resposta foi: "Ah, Bob, é muita gentileza. Não precisava." Mas, em menos de 20 minutos, quando constatou que não era brincadeira, ele me ligou de volta e disse quase aos berros: "Nunca ninguém fez uma coisa tão bacana para mim em toda a minha vida!" Os colegas tiraram uma foto dele no carro, e essa imagem acabou sendo usada como protetor de tela em seu monitor. Em outra ocasião, comprei um terno para esse mesmo consultor em agradecimento por ele ter superado suas metas.

A Xerox Corporation, sediada em Stamford, Connecticut, usou o carro esporte como tema de um programa motivacional de vendas chamado "Pista de Alta Velocidade", que envolveu ainda o pessoal de suporte técnico e seus gerentes. Todos esses colaboradores acumularam pontos que podiam ser trocados por prêmios em produtos ou em dinheiro, variando de 10 a 10 mil dólares. Foram também distribuídas miniaturas de Ferraris movidas à pilha e velas de ignição "para acender novas idéias".

"Os incentivos são um agradecimento extra pela manutenção de um alto desempenho."

– Charles Gehl (Coordenador da Frank Implement Company)

A Pentel of America em Torrance, Califórnia, concede o "Prêmio Samurai" para motivar os vendedores a (1) aumentar as vendas em relação ao ano anterior; (2) realizar certa quantidade de trabalho diretamente com o consumidor final das canetas da empresa (contato e vendas); e (3) submeter os relatórios de vendas e de marketing a novas técnicas para promover os produtos da companhia. Os vencedores recebem um prêmio em dinheiro, o anel de "Mestre de Vendas", uma espada genuína de samurai e uma viagem de primeira classe para o Japão, com direito a acompanhante, que dura uma semana e inclui uma excursão pela fábrica da Pentel e um almoço formal com gerentes japoneses. O gerente regional de vendas cujo território se destaca nos três requisitos também ganha um prêmio em dinheiro, um anel e uma viagem ao Japão.

Na KXKT-FM, uma das rádios de maior audiência em Omaha, Nebraska, o pessoal de vendas é presenteado com dinheiro, produtos e viagens. Cathy Roach, gerente comercial, diz: "Fazemos também algumas coisas divertidas, como uma roleta com quantias que variam de 10 a 1.000 dólares. Para cada negócio fechado, o funcionário gira a roleta e ganha um prêmio. Também estouramos balões contendo dinheiro e pedimos que as pessoas atirem dardos neles."

ESTUDO DE CASO SOBRE RECONHECIMENTO DE VENDAS

O programa "Pista de Alta Velocidade", do Morris Savings Bank (parte do Wachovia Bank, sediado em Charlotte, Carolina do Norte), premia os funcionários por fecharem novos negócios e por vendas adicionais a clientes novos e antigos. Cada vendedor possui uma cota trimestral de 45 pontos por vendas extras, marcando um ponto a cada serviço a mais adquirido por um cliente. Os caixas têm uma cota trimestral de 15 recomendações – quando os clientes concordam com uma de suas sugestões, esses colaboradores os encaminham para o balcão de vendas com um cartão de recomendação. Os vendedores recebem

2 dólares de comissão para cada venda adicional, enquanto os caixas ganham 2 dólares por recomendação. Um coordenador de vendas acompanha o progresso dos colaboradores num cartaz afixado no refeitório.

Outros prêmios são dados nas reuniões trimestrais. O vendedor do trimestre e o caixa com maior número de recomendações recebem ambos 300 dólares, um dia a mais de férias e uma caneca de metal gravada. O gerente da filial com o maior nível de depósitos ganha um troféu e uma caneta gravada. Além disso, todo o pessoal da sua unidade é convidado para uma festa promovida pelo departamento comercial.

Os gerentes de filiais também podem se candidatar a bônus: se 90% da sua equipe atingir a cota, eles ganham o mesmo valor que os funcionários. Para receberem o dobro dessa quantia, é preciso que todos os colaboradores alcancem a cota e a filial receba determinado número de pontos de alguns "visitantes misteriosos" que vão a cada uma dessas unidades pelo menos uma vez no trimestre.

> **"Envolver clientes e funcionários numa promoção de vendas passa uma mensagem poderosa sobre a importância de todos em uma organização."**
>
> – Bruce Bolger (Revista *Incentive*)

Pelo programa adotado na empresa de cosméticos Elizabeth Arden em Miami Lakes, Flórida, os funcionários que aumentassem as vendas em pelo menos 25% em relação ao mesmo período de cinco meses do ano anterior ganhavam um cruzeiro de uma semana pelo Caribe com direito a acompanhante. Além de elevar as vendas, essa iniciativa reduziu a taxa de rotatividade. Cynthia Bloom, maquiadora da empresa na loja Bloomingdale's em Nova York, diz: "Já recebi propostas de outras companhias oferecendo salários mais altos, mas não aceitei. Sou fiel – a Arden é boa comigo, então sou boa com eles."

"Mantenha o objetivo certo em mente: não busque dinheiro, busque aplausos. Se você criar algo de valor, as vendas virão."

– ROBERT RONSTADT (Presidente da Lord Publishings, Inc.)

Atendimento ao cliente

Algumas pessoas costumam dizer que conquistar um novo cliente é cinco vezes mais caro do que manter um. Dessa forma, a satisfação dos clientes é uma meta que muitas empresas querem sempre reconhecer e reforçar. Veja a seguir algumas ótimas medidas que as organizações vêm empregando para promover um atendimento de excelência.

Ron Smith, do Departamento de Serviços Públicos de Sacramento, na Califórnia, diz que, na época em que foi proprietário de uma delicatéssen, ele pedia a todos os atendentes que cumprimentassem cada cliente como se aquela pessoa fosse seu parente preferido. E prometeu que, se agissem assim, compensaria a diferença, caso os funcionários recebessem menos de 75 dólares por dia em gorjetas, o que só precisou fazer uma vez em 10 anos.

Vários hóspedes do hotel Walt Disney World Dolphin em Orlando, Flórida, ficaram tão impressionados com um de seus atendentes que, quando retornaram ao hospital onde trabalhavam em Indiana, eles criaram em sua homenagem o "Prêmio Jason Chestnut de Atendimento ao Cliente" para reconhecer a excelência no serviço prestado aos pacientes.

"Devemos tratar nossos funcionários como tratamos nossos clientes. Quando agimos assim, eles atendem nossos clientes externos da forma certa."

– HERB KELLEHER (Presidente do conselho executivo da Southwest Airlines)

Na Bush Gardens-Tampa, Flórida, os funcionários que prestam atendimento excepcional aos convidados recebem um cartão de raspadinha. Eles são dados na hora por membros da gerência e podem ser trocados por uma série de prêmios.

Quando John Kapp era diretor geral e presidente da Del Taco em Atlanta, Geórgia, ele quis aprimorar o atendimento enfatizando as histórias positivas sobre o serviço ao cliente. Assim, pediu que seus sete gerentes regionais compartilhassem seus casos bem-sucedidos e recebeu 12 relatos. Depois, escreveu uma nota de elogio para cada um deles. As histórias foram copiadas e colocadas em todas as lojas, nas áreas em que os colaboradores fazem as pausas durante o expediente. Um mês depois, Kapp solicitou novamente aos gerentes que contassem mais histórias e, dessa vez, recebeu 65. No mês seguinte, chegaram ainda mais. Antes do quarto mês, o grupo havia produzido 125 páginas de texto. Cópias desses relatos foram enviadas para todas as lojas junto com uma nota de agradecimento escrita por ele. A qualidade do atendimento disparou e a taxa de rotatividade dos gerentes e gerentes adjuntos foi extremamente reduzida.

A SKF USA, Inc., em Norristown, Pensilvânia, adota o "Prêmio Águia". Cada funcionário recebe duas moedas para dar a outros colaboradores que se destacarem no atendimento aos

> **"Somos uma empresa graças aos nossos clientes, mas, para atendê-los da melhor forma, temos que colocar nossos funcionários em primeiro lugar. As pessoas representam uma das verdadeiras ferramentas de medida de competitividade."**
>
> – HAL ROSENBLUTH (Presidente da Rosenbluth International)

clientes, junto com um certificado que descreve resumidamente o serviço prestado. As pessoas que recebem cinco "Prêmios Águia" ou mais ganham um objeto decorativo. Dez unidades do prêmio podem ser trocadas por vales de 50 dólares da American Express. O vencedor do maior número de prêmios em seis meses é reconhecido com um troféu e um vale-brinde de 250 dólares da American Express nas reuniões semestrais com o presidente da empresa. Jeff Minkoff, gerente de qualidade, conta que mais de 1.500 "Prêmios Águia" foram entregues apenas nos primeiros 18 meses do programa.

Premie o bom atendimento

- **Dê um broche de prata ou um prêmio parecido ao funcionário que receber mais elogios dos clientes.**
- **Sempre que um atendente ganhar uma carta de elogio de um cliente, inscreva seu nome num sorteio semanal. Conceda um prêmio engraçado.**

Todos os anos, a Robert W. Baird, empresa de serviços financeiros sediada em Milwaukee, Wisconsin, comemora a "Semana de Atendimento ao Cliente" para demonstrar seu princípio de priorizar os consumidores. Nesse período, o presidente da companhia, Paul Purcell, e seus gerentes de todos os níveis trabalham nas linhas de frente como recepcionistas, representantes de atendimento, membros da equipe de serviços gerais e designers gráficos para interagir com os clientes. A organização promove ainda o "Prêmio G. Frederick Kasten, Jr.", assim batizado em homenagem ao presidente do conselho. Essa homenagem é concedida aos colaboradores que oferecem atendimento de excelência e que estão sempre se esforçando para melhorar. Um vencedor é escolhido em cada unidade de negócios, de acordo com as indicações dos colegas. Os prêmios são entregues na reunião anual dos funcionários. Os homenageados recebem uma viagem de uma semana com todas as despesas pagas para qualquer lugar nos Estados Unidos.

Doug Barnett, do restaurante Chick-fil-A em Perry, Geórgia, distribui broches "AE" (atendimento de excelência) aos membros da equipe quando eles recebem comentários positivos dos clientes nos cartões de feedback. Esses colaboradores são estimulados a usar os broches o tempo todo e manter o padrão, como membros de um grupo de elite.

A Pioneer Eclipse, fabricante de equipamentos de manutenção de pisos em Sparta, Carolina do Norte, leva os clientes para conhecer os trabalhadores da linha de frente, responsáveis pela fabricação de seus produtos. Os funcionários adoram contar suas idéias aos clientes e escutar as sugestões.

O Broward County Government em Fort Lauderdale, Flórida, adota o programa "SUNsational Service" para enfatizar a maneira como os clientes internos e externos devem ser tratados. Os funcionários podem ser escolhidos pelos colegas como representantes dos "10 Pilares da Excelência em Atendimento" da organização. Os vencedores são indicados a cada dois meses pelo grupo "Patrulha do Prêmio" numa reunião com música e dança. Cada um dos homenageados recebe uma cesta contendo vários prêmios da loja. Além disso, é promovida uma semana de atendimento ao cliente, com a realização de um seminário, projeção de filme sobre esse serviço, massagens antiestresse e concursos divertidos, como o da gravata mais feia e perguntas e respostas sobre atendimento.

"É incrível o que os funcionários podem fazer pelos clientes e pelos acionistas quando confiam na administração, sabem que são responsáveis e recebem treinamento adequado."

— James Henderson (Presidente da Cummins Engine Company, Inc.)

Na Stew Leonard's em Norwalk, Connecticut, é realizado o "Jogo do Nome": toda vez que um caixa chama o cliente pelo nome e lhe agradece, o cliente deposita um cupom com o nome desse funcionário numa urna. Os três caixas que recebem o maior número de agradecimentos por semana ganham 30 dólares cada um. Ao lado das caixas registradoras são exibidos gráficos chamados "Escadas do Sucesso" para que os clientes vejam o progresso de cada colaborador. Na loja de departamentos Hecht's, sediada em Arlington, Virgínia, os funcionários recebem pontos que lhes dão direito a fazer compras se os gerentes os escutarem chamando os clientes pelo nome.

Na Todays Staffing, sediada em Dallas, Texas, sempre que um funcionário temporário supera as expectativas de um cliente, seu nome é depositado numa urna e ele concorre a um sorteio anual de prêmios. Os clientes classificam esses colaboradores em cartões de avaliação, que são então encaminhados à empresa. Cerca de 950 prêmios foram entregues em três anos.

Os proprietários/franqueados do McDonald's recebem jóias com os "arcos dourados" do logotipo da empresa para serem distribuídas aos funcionários que se destacam no atendimento ao cliente.

Todos os meses, na cadeia de lojas de departamentos Nordstrom, sediada em Seattle, Washington, os gerentes encontram-se para escolher a "Celebridade do Atendimento ao Cliente" – a pessoa que contribuiu mais significativamente durante o período. Os gerentes realizam o sorteio utilizando suas próprias observações, cartas e fichas de comentários de clientes e relatórios de "consumidores misteriosos". O vencedor recebe 100 dólares, o selo "Celebridade do Atendimento ao Cliente" em seus cartões de visita e um desconto maior na compra de produtos da empresa. Mensalmente também é escolhida a loja que se destaca no atendimento. Em comemoração, a sede financia um churrasco ou uma festa para todos os colaboradores dessa unidade.

O programa "Campeões Omni de Atendimento", dos Hotéis Omni, distribui medalhas, broches de fita para o uniforme, dinheiro, jantares, reconhecimento no jornal da empresa e em cartazes nos hotéis, além de uma comemoração de três dias numa unidade da rede escolhida pelos executivos da empresa – tudo isso para reconhecer quem se empenha em prestar atendimento de excelência. No fim do ano, os três funcionários de cada hotel que

"É extremamente importante que sejam premiadas todas as pessoas – entre clientes e funcionários – que possam contribuir para o sucesso da empresa."

– Robert Evans (Diretor de serviços promocionais da Gillette Company)

recebem o maior número de recomendações ganham prêmios em dinheiro (1.000 dólares para o primeiro colocado e 500 dólares para os outros dois) e todos participam de um baile de gala.

No programa "Prêmios de Atendimento ao Cliente", do Departamento de Transportes Públicos de Nova Jersey, os profissionais que atendem diretamente o público são premiados por excelência, enquanto os colaboradores internos, como secretárias, pessoal de manutenção e contadores, recebem prêmios pelo atendimento aos outros funcionários. Dois meses antes do anúncio dos resultados no fim do ano, são distribuídos cartazes, urnas e cédulas nas estações de trem e nos pontos de ônibus. Passageiros e colaboradores podem indicar candidatos, assim como os fornecedores de produtos para o Departamento.

Certa vez, houve 300 indicações e 10 vencedores. O número de cédulas que uma pessoa recebe é levado em consideração, porém a qualidade da indicação é o fator mais importante. Um comitê formado por gerentes escolhe os ganhadores. Entre os critérios estão: atendimento de excelência, especialmente para corrigir algo que tenha dado errado; criatividade ou desenvoltura ao ajudar um cliente; e desenvolvimento de novas formas de resolver problemas. O tipo de prêmio varia a cada ano e todos os homenageados recebem também uma placa ou um troféu. Os prêmios são entregues numa reunião anual realizada num centro de convenções.

No Hospital Good Samaritan em Cincinnati, Ohio, o programa de premiação e reconhecimento para melhorar o atendimento ao cliente, além de englobar sorteios mensais e publicidade interna, promove treinamento contínuo para reforçar a lista de 10 normas de desempenho na qual se baseia. Para assegurar que os critérios, os objetivos e os avanços estão sendo permanentemente divulgados, a instituição promove uma sessão de treinamento de uma hora a cada dois meses para todos os seus 3.200 funcionários.

A Delta Airlines concede um prêmio aos colaboradores que superam as expectativas no atendimento ao cliente. Esse foi o caso de um comissário de bordo do Texas que levou uma passageira de carro de Houston a Beaumont para que ela, que havia perdido o vôo de conexão, pudesse comparecer a um funeral.

- **Crie o "Quadro do Elogio" – um quadro branco (ou *flip chart*) onde possam ser colocadas as cartas de agradecimento dos clientes.**
- **Escreva pelo menos cinco notinhas em *post-its* agradecendo a um funcionário por ter atendido os clientes com excelência e as misture entre os papéis na sua mesa de trabalho.**

Nas lojas Andersons Management Corporation em Maumee, Ohio, os gerentes receberam determinada quantidade de moedas para distribuir sempre que observassem um bom atendimento ao cliente ou fossem informados sobre uma ocorrência do gênero. Os funcionários que ganhavam as moedas entravam para o "Clube do Dólar Dourado" e se tornavam candidatos a sorteios mensais de prêmios.

Na FMC Lithium Division em Bessemer City, Carolina do Norte, os gerentes levam os funcionários de destaque em viagens para visitar clientes ou fornecedores. Com isso, eles reconhecem os esforços dos operadores, os instruem e os fazem desenvolver um sentimento de propriedade por seu trabalho e pelos produtos da empresa. O custo adicional é mais do que compensado pelo aumento da motivação dos colaboradores e por sua compreensão geral do negócio.

"Movemos montanhas para mostrar aos nossos funcionários e clientes que nós nos importamos. Eu já viajei 6.500km para passar cinco minutos com uma cliente e assim lhe mostrar a importância que seu negócio tem para nós. A atenção é contagiosa, e tentamos disseminá-la por todos os lados."

– Harvey MacKay (Presidente da Mackay Envelope Corp.)

A American Airlines distribui notinhas "Você é Especial" entre os clientes habituais e estes as entregam aos funcionários da empresa que os atendem de maneira excepcional. Os colaboradores recebem créditos, e os comentários dos clientes são publicados no jornal da companhia. A Continental Airlines enviou certificados denominados "Orgulho em Desempenho" aos seus 50 mil passageiros mais freqüentes e pediu-lhes que os dessem aos funcionários que se mostrassem particularmente prestativos. Os ganhadores podiam trocar os certificados por jantares, bolsas, malas, estadas em hotéis, passagens e muitos outros itens.

O Citibank em Nova York concede o "Prêmio de Excelência em Atendimento" a funcionários de todos os níveis, exceto aos executivos seniores. Um colaborador é escolhido pelo gerente e, depois, essa indicação é examinada pela administração da

"Sim, nosso negócio é a tecnologia, mas também é sobre operações e relacionamento com os clientes."

– Michael Dell (Presidente e fundador da Dell Computers)

divisão em que ele atua. Os premiados geralmente ganham um vale-brinde de até 500 dólares em produtos.

No Park Lane Hotels International, sediado em São Francisco, Califórnia, pede-se que os hóspedes indiquem funcionários da casa que prestem atendimento de primeira qualidade. A empresa já premiou todos os escolhidos com equipamentos da Sony e sorteou um televisor. O hóspede que indicou o ganhador do sorteio recebeu duas noites de graça no hotel.

A Cellular One, sediada em Indianápolis, Indiana, tem um plano de bônus que premia os funcionários com 10 dólares por elogio que recebem de clientes (a maioria deles escritos em cartões de opinião) e deduz 10 dólares toda vez que um cliente se queixa do atendimento. Os elogios triplicaram desde que a empresa deu início ao programa.

O Bureau de Convenções e Visitantes de San Diego, Califórnia, dá o título de "Taxista do Ano" ao motorista que seja modelo de hospitalidade notável. O vencedor é homenageado no Dia Anual de Agradecimento ao Taxista da cidade, e recebe 500 cartões de visita, uma placa gravada para colocar no painel do carro e um ímã com o nome do prêmio. Um vencedor recente, Montag Plank, diz que oferece aos passageiros itens extras, como jornais e informações sobre atrações locais. "Qualquer que

> **"Lideramos sendo humanos. Não lideramos sendo corporativos, profissionais nem institucionais."**
>
> — Paul Hawken (Fundador da Smith & Hawken)

seja seu trabalho, se você for gentil e fizer seu serviço corretamente, as pessoas o respeitarão por isso."

Quando Dick Radell, vice-presidente de recursos humanos da Marcus Corporation em Milwaukee, Wisconsin, é atendido de maneira extraordinária num dos restaurantes da empresa, ele escreve uma pequena nota no lado de trás do seu cartão de visita e o entrega imediatamente à pessoa que o atendeu.

Joan Cawley, diretora de recursos humanos da Advanta Corporation em Horsham, Pensilvânia, descreve o "Prêmio Superando as Expectativas" concedido aos representantes de atendimento ao cliente. Todo mês, colegas e gerentes escolhem um funcionário que tenha apresentado um desempenho extraordinário na prestação desse serviço. O nome de cada vencedor é gravado numa placa de bronze. Além disso, ele fica com uma placa de cristal em sua mesa durante um mês. No fim de cada ano de programa, os nomes dos 12 ganhadores são colocados num chapéu e eles participam de um sorteio valendo prêmios – o maior deles é um cruzeiro com direito a acompanhante.

ESTUDO DE CASO SOBRE ATENDIMENTO AO CLIENTE

"Compartilhamos do sonho de sermos reconhecidos como a melhor empresa quando se trata de oferecer valor a clientes, funcionários, acionistas e comunidades", diz Kent B. Foster, presidente da GTE Telephone Operations (propriedade da Verizon Communications), sediada em Stamford, Connecticut. Para ajudar a realizar esse sonho, o programa "Prêmios de Qualidade do Presidente" homenageia os colaboradores em quatro categorias: área e região, profissionais individuais, equipes e vendedores.

As quatro áreas e 14 regiões da empresa disputam todos os anos as "Taças dos Campeões de Qualidade". Os vencedores são escolhidos diretamente pelos clientes numa pesquisa anual. A região que mostra o maior índice de melhorias recebe também um troféu.

Os funcionários são premiados individualmente em três níveis de realização, e todos ganham um presente personalizado, além de dinheiro. Os 10 primeiros recebem 2.500 dólares e uma carta de elogio do presidente da divisão, os 30 finalistas são presenteados com 750 dólares e aos 40 semifinalistas são dados 500 dólares. Alguém que tenha demonstrado compromisso exemplar com a qualidade é escolhido como um dos "Campeões de Qualidade Individual" e recebe os "Elogios Distintivos do Presidente". O colaborador é homenageado com um prêmio em dinheiro, um medalhão especial e uma carta de elogio do presidente.

Os prêmios de equipes são entregues a dois funcionários que ficam em primeiro lugar ("Prêmio de Ouro") – um por atendimento interno e outro por atendimento externo; a dois que se classificam em segundo ("Prêmio de Prata") e a três que conquistam o terceiro lugar ("Prêmio de Bronze") por desempenho externo. Os membros de cada grupo recebem prêmios em dinheiro, um prêmio personalizado e uma carta de elogio do presidente.

"O bom tratamento dispensado aos funcionários resulta num bom tratamento aos clientes."

– Todd Englander (Revista *Incentive*)

Sugestões de colaboradores

Apenas 41% dos funcionários acreditam que as empresas escutam suas idéias. É por isso que o trabalhador nos Estados Unidos oferece 1,1 sugestão por ano – um dos índices mais baixos entre as nações industrializadas. Comparando esse número com as 167 sugestões feitas por colaborador no Japão, o potencial inexplorado fica evidente.

A Radio Shack, sediada em Fort Worth, Texas, usa um gorila de pelúcia de 1,20m de altura para reconhecer iniciativa e inovação. O gorila fica com um funcionário que tenha tido uma idéia útil até que outra surja. A pessoa que tiver o maior número de idéias num trimestre recebe outro prêmio.

Durante um período de baixa nos negócios, a Rosenbluth International, agência de viagem corporativa sediada na

"As empresas não precisam de astros nem de heróis administrativos para prosperar, mas de um sistema eficaz para conseguir e implementar idéias das pessoas que realizam o trabalho."

– Martin Edelston (Presidente da Boardroom, Inc.)

Filadélfia, realizou o programa "Brainstorm de Operação", solicitando que os funcionários pensassem em idéias para reduzir os custos. Mais de 400 sugestões foram apresentadas. Com isso, a empresa conseguiu evitar demissões.

Quando Vic Anapolle era gerente de operações num grupo de produtos químicos da W. R. Grace em Atlanta, Geórgia, ele decidiu motivar os funcionários a aumentar o número e a qualidade das sugestões. Usando bilhetes de raspadinha que davam direito a vários prêmios, Vic conseguiu obter uma média de 12 a 14 sugestões por colaborador, o que proporcionou uma economia anual de 175 mil dólares por ano. Todos os bilhetes (inclusive os dos perdedores) foram usados no sorteio de uma viagem.

Na FedEx Kinko's, o funcionário que dá a melhor sugestão do ano ganha um presente que se estende a todos os seus colegas de loja: uma viagem à Disney World com as despesas pagas. Enquanto eles estão fora, seus supervisores arregaçam as mangas.

"O princípio mais profundo da natureza humana é o desejo de ser valorizado."

— WILLIAM JAMES (Filósofo e psicólogo americano)

A Peavey Electronics Corporation em Meridian, Mississippi, premia os horistas por suas sugestões pagando-lhes 8% da economia estimada no primeiro ano de adoção de suas idéias. Melia Peavey diz que esse sistema causa mais entusiasmo do que o antigo, que simplesmente premiava as sugestões com uma quantia fixa.

A divisão de recursos humanos e administração do Departamento de Energia dos Estados Unidos em Washington, D.C., promoveu o "Dia das Idéias" para que os funcionários criassem maneiras de melhorar seus métodos de trabalho. Das 2.134 sugestões apresentadas, 68% foram aplicadas.

"Precisamos fazer com que todos na organização se envolvam. Quando conseguimos isso, surgem as melhores idéias."

– Jack Welch (Ex-presidente da General Electric)

Um escritório da Deere & Company em Dubuque, Iowa, dobrou a participação dos funcionários num programa de sugestões dando a todos os participantes protetores de bolso (para colocar canetas e lápis sem o risco de manchar a roupa), calendários magnéticos e blocos de notas com o slogan "Tem alguma idéia? Então tome nota!". Os colaboradores cujas sugestões foram adotadas receberam prêmios.

Urban Bianchi, mecânico da Parker Hannifin Corporation, sediada em Cleveland, Ohio, já ofereceu mais de 800 sugestões de economia que foram aprovadas pelos supervisores – são tantas idéias que o *Los Angeles Times* o apelidou de "o imbatível rei da caixa de sugestões". A empresa o premiou com vários fornos de microondas, cupons para jantares gratuitos, fer-

"A idéia é uma coisa frágil. Apagá-la é bem mais fácil do que mantê-la. As idéias brilham porque alguém as teve e alguém ajudou e ninguém as apagou. As empresas devem premiar as pessoas por serem criativas, por terem novas idéias."

– Tom Peters (Autor e consultor administrativo)

ramentas e outros brindes, num valor estimado de 17 mil dólares em quatro anos. "Já ganhei tanta coisa que nem acredito", diz ele. E acrescenta que sua motivação é fazer seu trabalho da melhor forma e que se sente muito bem compartilhando os prêmios com os familiares.

A Ben & Jerry's distribui subsídios financeiros aos departamentos da sede corporativa quando os funcionários oferecem sugestões criativas. O dinheiro pode ser usado na compra de produtos, como pipoqueiras ou máquinas de café expresso.

Dois funcionários municipais em San Diego, Califórnia, ganharam 10 mil dólares cada um por sugestões que proporcionaram uma economia de mais de 1 milhão de dólares para o município. Ken Buccellato e Renee Sherrill receberam o bônus pelo programa "Sugira e Melhore", que premia os colaboradores por idéias que reduzem custos, aprimoram a segurança ou aumentam a eficiência.

Aumente o número de sugestões dos funcionários

- Para a maioria das pessoas, a simples adoção das suas idéias já é um reconhecimento.
- Quando um colaborador apresentar uma sugestão, agradeça pela atenção e iniciativa.
- Não deixe de responder às sugestões e tente usar o maior número possível delas.
- Divulgue a utilização das sugestões aproveitadas junto com uma descrição do efeito positivo que elas tiveram na organização.

ESTUDO DE CASO SOBRE SUGESTÕES DE COLABORADORES

A Boardroom, Inc., editora de jornais corporativos e livros em Stamford, Connecticut, espera que todos os funcionários – das recepcionistas ao presidente – apresentem pelo menos duas idéias para melhorias a cada semana. O programa "Eu Tenho Poder" quintuplicou a receita, além de ter proporcionado um benefício inestimável à motivação, energia e retenção dos colaboradores. As sugestões são avaliadas semanalmente por um voluntário e em geral voltam para o dono com um "Que ótima idéia!" – que é uma aprovação implícita.

Como diz Martin Edelston, presidente da empresa, "às vezes a melhor idéia pode vir da pessoa mais nova e menos experiente da equipe". Por exemplo, um colaborador do setor de expedição sugeriu que a empresa reduzisse o formato do papel de um dos livros para ficar abaixo da taxa de remessa cobrada para 1,8kg e baixar o custo de envio. A Boardroom fez a alteração e conseguiu economizar 500 mil dólares por ano. Martin explica: "Eu trabalhava com vendas por correspondência havia uns 20 anos e nunca tinha percebido que existia uma taxa de remessa para 1,8kg. Mas a pessoa que fazia o serviço sabia disso e estava ciente de como seu trabalho podia melhorar, assim como ocorre com a maioria dos funcionários."

No primeiro ano do programa "Eu Tenho Poder", as sugestões ficaram limitadas às tarefas dos funcionários. Depois, eles perceberam que o objetivo não era expressar queixas, mas tentar imaginar maneiras de melhorar as coisas. A empresa ainda realiza reuniões de grupo para fazer brainstorms e compartilhar idéias sobre questões e funções específicas.

Os benefícios das sugestões não se limitam à economia. Antoinette Baugh, diretora de pessoal, afirma: "As pessoas adoram trabalhar aqui porque sabem que fazem parte de um sistema para o qual podem contribuir." Lisa Castonguay, gerente de faturamento e renovação, acrescenta: "Nas minhas duas primeiras semanas na empresa fiquei impressionada porque todos sorriam e se mostravam receptivos." Em seu primeiro dia de trabalho, ela foi arrastada para uma reunião de grupo e, em menos de 30 minutos, lhe perguntaram: "O que você acha que devemos fazer para resolver esse problema?"

Lisa quase caiu dura no chão, pois ela trabalhara por oito anos numa companhia onde ninguém jamais lhe pedira nenhuma opinião. Depois de se refazer do choque, ela se sentiu bem em poder compartilhar suas opiniões e idéias, que eram valorizadas pelos colegas. Conseqüentemente, teve facilidade em pensar em outras formas de ajudar a empresa.

O impacto é positivo e contagiante. "As pessoas tornam-se agentes da própria mudança. Existe tanta coisa dentro de nós, mas só percebemos isso quando nos pedem para compartilhar. No processo, a coisa vai crescendo cada vez mais", diz Martin Edelston. Brian Kurtz, vice-presidente de marketing, acrescenta: "Há um fluxo constante de comunicação. As pessoas não estão sentadas em suas estações de trabalho totalmente isoladas umas das outras."

Em San Diego, Califórnia, 71 funcionários municipais tiveram idéias que proporcionaram uma economia de quase 400 mil dólares. Eles foram homenageados numa cerimônia de fim de ano e receberam prêmios em dinheiro que variaram de 25 a quase 5 mil dólares.

"Os gestores devem perceber a importância da sugestão. Tente identificar o que cada idéia apresenta de valioso. A sugestão e a reação que esta produz podem estabelecer a confiança."

— Shoichiro Toyodo (Presidente da Toyota Motor Co.)

Em três meses, o programa "Realizadores", da American Airlines, inspirou quase 3.500 equipes de sete pessoas a apresentar mais de 1.600 idéias que foram adotadas, promovendo uma economia de mais de 20 milhões de dólares. Os colaboradores receberam 4,7 milhões de dólares em prêmios, cada um deles baseado no valor monetário da sugestão implementada. O mais importante foi que os funcionários apoiaram verdadeiramente as mudanças porque eles as tinham criado. Como resultado desse sucesso, surgiu o sistema "Realizadores da AA" de reconhecimento ao bom trabalho de indivíduos e equipes, que inclui prêmios de pontos instantâneos para serem trocados por produtos.

Desde então, o foco do programa original expandiu-se para reconhecer as pessoas por qualquer ação especial ou por fazerem um bom trabalho com freqüência. Os gerentes, coordenadores de tripulação, agentes e outros supervisores podem dar pontos a qualquer momento a qualquer colaborador. Os funcionários recebem vales que podem ser trocados por benefícios de viagem ou produtos de um catálogo elaborado para o programa.

"Todos são Importantes" é o programa da Black & Decker, sediada em Towson, Maryland, que reúne equipes para criar e desenvolver idéias relacionadas a treinamento, comunicação, administração e prêmios. São 39 grupos formados por pessoas de diferentes departamentos. Dois comitês de nível gerencial recebem e julgam os méritos das sugestões. Os encarregados da avaliação observam ainda o potencial de liderança dos fun-

"Um dos meios mais importantes para se alcançar o nível de excelência em operações é explorar o poder criativo e intelectual de cada funcionário."

— Harold A. Poling (Ex-presidente da Ford Motor Company)

cionários quando estes fazem suas apresentações. Das 200 idéias submetidas, 59 foram aprovadas, uma das quais proporcionou uma economia de 700 mil dólares.

"Chave para Inovação" é a campanha da empresa farmacêutica Cyanamid Canada que estimula os colaboradores a contribuir com sugestões e se tornar "Inovadores Freqüentes". Para as idéias que aumentam a produtividade, os funcionários recebem de 40 a 1.000 pontos, que podem ser trocados por prêmios de um catálogo, entre os quais peças de vidro, rádios e televisores, além de viagens de fim de semana com direito a acompanhante.

Na Eastman Kodak em Rochester, Nova York, um funcionário cuja sugestão é aproveitada recebe 15% da economia proporcionada por sua idéia nos dois primeiros anos. Se uma sugestão der origem a um novo produto, o colaborador ganha 3% das vendas no primeiro ano. A Kodak já premiou mais de 30 mil pessoas, destinando uma média anual de 3 milhões de dólares a esse programa.

Na Levi Strauss & Company, sediada em São Francisco, Califórnia, os funcionários indicam os colegas para o "Prêmio Koshland", que reconhece as pessoas por sua iniciativa, disposição de assumir riscos, capacidade de criar medidas de economia, sugestão de idéias interessantes para promover produtos no setor de varejo e qualquer outra coisa que confira vantagem competitiva à empresa. Os vencedores recebem uma placa e um prêmio em dinheiro numa cerimônia de premiação anual.

"Se os funcionários não puderem informar suas idéias aos gerentes – e os gerentes não ficarem sabendo delas nem as responderem –, esses insights deixam de ter credibilidade e a noção da parceria dos colaboradores com a administração torna-se uma falácia."

– Dr. Mitchell Rabkin (Presidente do Beth Israel Hospital)

ESTUDO DE CASO SOBRE RECONHECIMENTO DE SUGESTÕES DE FUNCIONÁRIOS

O programa de sugestões da IBM concede prêmios de 50 a 150 mil dólares por idéias que proporcionem economia ou benefícios, como melhoria na qualidade de vida, segurança ou bom atendimento ao consumidor. O valor do prêmio por uma sugestão que propicie uma redução significativa de custos baseia-se em 25% da economia líquida alcançada com materiais e funcionários no primeiro ano. Para os prêmios de mais de 200 dólares, o autor da idéia recebe ainda 25% das projeções da economia líquida para o segundo ano, que chegam a 150 mil dólares.

Os prêmios por sugestões que produzam benefícios intangíveis dependem de fatores como a gravidade do problema e a criatividade e eficácia da solução. Seu valor costuma variar de 50 a 100 dólares, embora o prêmio máximo de 150 mil dólares também se aplique nesse caso. O programa é aberto a todos os funcionários. Houve um ano em que a IBM concedeu oito prêmios de 150 mil dólares aos colaboradores cujas idéias foram escolhidas entre as 153 mil apresentadas pelos 223 mil funcionários da empresa nos Estados Unidos. Outros programas incluem:

"Plano de Premiação de Invenção". Esse prêmio reconhece uma quantidade significativa de invenções por colaborador. A primeira solicitação de patente que o funcionário inscreve sob as condições do plano ganha 1.500 dólares. Os participantes recebem pontos por requerimento de patente e pelas invenções que são aprovadas. A cada 12 pontos, a pessoa tem direito a um certificado e 3.600 dólares. Na primeira premiação também são concedidas jóias.

"Plano do Prêmio IBM de Divisão". Essa iniciativa reconhece e premia as realizações que tenham "valor fora de série" para a empresa em termos de economia e do impacto que exercem sobre a principal missão de uma divisão específica. Os prêmios variam de 1.500 a 25 mil dólares.

Na fábrica da Honda em Marysville, Ohio, que emprega 10 mil pessoas, os funcionários recebem 100 dólares por idéia aceita e ganham de 1 a 12 pontos VIP para cada uma delas. Se fizerem uma apresentação numa reunião de qualidade, eles conquistam 50 pontos extras. Quando acumulam 300 pontos, são presenteados com uma placa. Atingindo 1.000 pontos, garantem 800 dólares. Os prêmios de nível mais alto são um Honda Civic, para quem faz 2.500 pontos; e um Accord, duas semanas extras de férias e salário de um mês para os que alcançam 5.000 pontos. Houve um ano em que a empresa recebeu mais de 10 mil sugestões e conseguiu realizar uma economia de 5 milhões de dólares.

> **"Se os gerentes pedirem aos funcionários que usem seu talento criativo, se comprometam e enfrentem riscos calculados, fazendo coisas como propor idéias que proporcionem economia de trabalho, essas pessoas devem compartilhar qualquer lucro que resulte desse comportamento."**
>
> — TOM PETERS (Escritor e consultor administrativo)

Produtividade & qualidade

Nos Estados Unidos, a utilização de prêmios para estimular a produtividade é mal-empregada e ineficaz. Segundo um estudo, apenas 40% dos funcionários acreditam que as empresas do país oferecem incentivos significativos para maximizar a qualidade e a produtividade. No Japão, porém, 93% dos colaboradores mostraram-se confiantes nessas iniciativas.

Quando Jennifer Wallick gerenciava o desenvolvimento de softwares na Four Pi Systems, fabricante de equipamentos de teste de produção em San Diego, Califórnia (agora parte da Hewlett-Packard), ela observava que os programadores não gostavam de falar sobre os erros. Para evitar que os funcionários ficassem frustrados ao encontrarem um bug num novo programa, ela criou o concurso "Ache um Bug e Ganhe um Prêmio", que dava uma barra de cereal a qualquer um que identificasse esse tipo de problema num produto recém-criado. Jennifer diz: "Isso realmente mudou a atitude das pessoas. E também melhorou a qualidade dos softwares porque passamos a receber mais informações sobre bugs e assim conseguíamos solucioná-los imediatamente."

Bob Vassallo, gerente de relações com funcionários da Thomas J. Lipton Company, fabricante de produtos alimentícios em Englewood Cliffs, Nova Jersey, conta que a empresa promove o "Dia da Máquina de Vendas Aberta", ocasião em que os colaboradores têm acesso livre às máquinas do refeitório da fábrica por terem atingido determinadas metas, como produtividade, qualidade e segurança.

Os colaboradores que não trabalham por comissão e que atingem altos níveis de desempenho no *Portland Business Journal* em Portland, Oregon, são reconhecidos mensalmente. Mensagens de voz especiais no sistema geral anunciam seus nomes, os altos resultados de vendas e os ganhos em circulação. Além disso, são distribuídos bônus em dinheiro.

"Aqueles que elogiam e que são elogiados no trabalho aumentam a produtividade."

— Gallup

A NCO Financial Systems em Horsham, Pensilvânia, criou um sistema de bônus para os funcionários que trabalham com lançamento de dados, incentivando-os a atuar em equipe para eliminar demoras no registro de documentos. Todos eles recebem um ponto para cada dia sem atraso. Prêmios mensais (de até 250 dólares) são entregues com base no número de pontos acumulados. Mesmo quem não ganha prêmios do nível mais alto participa de um sorteio de 100 dólares. A produtividade aumentou em 25% com esse sistema e não houve queda de qualidade.

A Motorola em Schaumburg, Illinois, premia os funcionários da fábrica com um café da manhã em que os gerentes seniores reconhecem aqueles que atingiram determinadas metas de qualidade.

ESTUDO DE CASO SOBRE MELHORIA DA QUALIDADE

A Tennant Company, fornecedora de equipamentos de manutenção de pisos não residenciais, revestimentos e produtos correlatos, sediada em Minneapolis, Minnesota, deu início à melhoria de qualidade definindo o objetivo de "reconhecer os funcionários com excelente qualidade de desempenho na organização". Uma vez que cada pessoa reage de um modo a diferentes tipos de prêmios e ações de reconhecimento, foi desenvolvido um programa em três níveis.

Em primeiro lugar, está o programa formal de premiação: os funcionários homenageados (cerca de 2% do quadro de pessoal por ano) recebem um anel de ouro de 10 quilates com um diamante e uma placa durante um jantar anual. Esse programa, que é desenvolvido pelos colegas, apresenta três regras para a escolha dos premiados:

1. Os critérios de seleção instituídos pela empresa são impressos nos formulários de indicações.
2. Um colaborador pode indicar qualquer funcionário, exceto as pessoas às quais ele responde diretamente.
3. Os homenageados são escolhidos por um comitê de colaboradores de diferentes níveis hierárquicos e de departamentos distintos.

Em segundo lugar, está um prêmio formal "adicional" que se originou do feedback dos funcionários que pediam reconhecimento mais freqüente. Os vencedores do "Koala T. Bear" (jogo fonético em inglês com a palavra *quality*, que significa "qualidade") recebem a visita de um comitê de reconhecimento. Cada vencedor ganha um coala de pelúcia e um certificado por suas realizações. O processo de indicação é menos rigoroso, e os prêmios são entregues mensalmente.

Em terceiro lugar, está o programa de prêmios informais, que reconhece as pessoas que atingem metas específicas. É flexível e pode ser moldado de acordo com as necessidades e preferências individuais e de grupos. O reconhecimento informal é prestado imediatamente pelos gerentes e supervisores aos funcionários que estejam fazendo algo certo.

Qualquer um desses níveis pode ser considerado um programa completo em muitas organizações, mas a Tennant acredita que os três devem estar presentes para maximizar a motivação e o desempenho do pessoal. Rita Maehling, ex-gerente de recursos humanos, diz: "Como num banquinho de três pernas, cada nível cumpre um papel importante. Se uma delas for retirada, o banquinho cai."

> **"Acredito que homenagear aqueles que realizam o trabalho produz resultados formidáveis para a empresa. Se as pessoas na linha de produção acreditarem que existe um esforço verdadeiro para ajudá-las a melhorar suas habilidades, oferecer-lhes oportunidades de crescimento e estabilidade no trabalho, elas podem fazer coisas inacreditáveis."**
>
> – SIDNEY HARMAN (Presidente da Harman International Industries, Inc.)

ESTUDO DE CASO SOBRE MELHORIA DE DESEMPENHO

Quando Lou Gerstner assumiu a presidência do departamento de serviços de viagem da American Express em Nova York, a unidade estava enfrentando um dos maiores desafios de sua história. Centenas de bancos estavam oferecendo ou planejando introduzir cartões de crédito Visa e MasterCard, que competiriam com o American Express. Além disso, mais de 24 firmas de serviços financeiros começavam a entrar na área de cheques de viagem.

Menos de uma semana após ser nomeado, Gerstner reuniu o pessoal administrativo e perguntou que princípios eram usados para conduzir os negócios. Em particular, ele desafiou duas crenças compartilhadas por todos – a de que a divisão deveria ter somente um produto, o cartão verde, e que este tinha um potencial de crescimento e inovação limitado.

Gerstner começou a desenvolver rapidamente uma cultura empresarial para contratar e treinar pessoas que prosperariam e para comunicar claramente as direções gerais da organização. Ele e outros executivos de alto nível hierárquico premiaram a capacidade de correr riscos de forma inteligente. Para facilitar e estimular o espírito empreendedor, eles reduziram a burocracia. Tornaram os padrões de contratação mais rigorosos e criaram um curso especial de gestão que oferecia a jovens promissores um treinamento especial, um conjunto enriquecedor de experiências e um grau incomum de exposição aos executivos do alto escalão. Para incentivar a disposição de aceitar riscos entre todos os funcionários do seu departamento, Gerstner instituiu o programa “Destaques em Desempenho” (nos moldes do programa da Honeywell, Inc. em Minneapolis, descrito anteriormente) para reconhecer e premiar o atendimento ao cliente que fosse verdadeiramente extraordinário, princípio central da filosofia da empresa.

Nesse programa, cartazes mostrando pessoas famosas em tamanho real, bem como suas realizações, foram expostos em toda a empresa durante várias semanas. Em seguida, a companhia começou a colocar as fotos dos colaboradores em cartazes, juntamente com uma declaração sobre a principal conquista de cada um deles. Depois de um tempo, os homenageados podiam levar os cartazes para casa.

As indicações eram feitas por colegas, supervisores e clientes. Os vencedores podiam concorrer ao “Prêmio Máximo”, estabelecido pelo comitê de controle mundial. Não havia limite para o número de ganhadores – houve um ano em que 38 funcionários o receberam. Os prêmios incluíram uma viagem a Nova York com direito a acompanhante e inteiramente paga, 4 mil dólares em cheques de viagem American Express, um broche de platina com o logotipo do prêmio e um certificado emoldurado.

Essas iniciativas levaram rapidamente a novos mercados, produtos e serviços e resultaram num aumento de 500% do faturamento do departamento de serviços de viagem em 11 anos. Com um lucro líquido de 28%, o negócio superou muitas empresas ditas high-tech e de alto crescimento, assim como uma série de negócios de pouco crescimento, porém altamente lucrativos.

"A forma como os gerentes tratam os colaboradores é sutilmente influenciada pelo que eles esperam destes últimos. Se as expectativas de um gerente são altas, a produtividade tende a ser excelente. Se suas expectativas são baixas, a produtividade tende a ser pobre. É como se existisse uma lei que causasse um aumento ou uma queda no desempenho dos funcionários para satisfazer as expectativas do gerente."

– J. Sterling Livingston (*Harvard Business Review*)

Na delicatéssen Katzinger's em Columbus, Ohio, os gerentes fizeram um acordo com os funcionários: se eles reduzissem os custos com alimentação, a empresa dividiria essa economia com eles. O pessoal acabou economizando 30 mil dólares e dividiu 15 mil entre si.

Assiduidade & segurança

Sob muitos aspectos, a assiduidade e a segurança são os elementos mais importantes numa empresa, sobretudo se ela estiver envolvida em atividades de fabricação de produtos. O sucesso de muitas companhias depende essencialmente da oferta de gratificações eficazes para incentivar os funcionários a estar sempre a postos e não faltar ao serviço e de incentivos eficazes de segurança para garantir o bem-estar dos colaboradores e prevenir acidentes.

Uma filial do McDonald's em St. Louis, Missouri, oferece aos funcionários que menos faltam prioridade na escolha dos horários de trabalho. Isso melhora sua assiduidade e, como muitos deles são estudantes, permite que tenham uma chance de conciliar a atividade profissional com os horários de aula.

Na General Electric, sediada em Fairfield, Connecticut, os colaboradores que não faltam ao trabalho num período de seis meses são premiados com um bônus em dinheiro.

O Rush-Copley Memorial Hospital em Aurora, Illinois, premiou 128 funcionários com um almoço, um certificado de realização e uma caneca com a frase "Perfeição em Assiduidade" e a inscrição do ano. Um vale-brinde especial foi concedido ao colaborador que apresentou o comparecimento impecável por mais tempo.

A Pella Corporation em Pella, Iowa, oferece uma conta de poupança de 100 dólares e promove um café com a administração para os funcionários que completam um ano de total assiduidade. A empresa, que comercializa janelas, chegou a organizar uma recepção com o governador do estado para sete colaboradores com 25 anos de freqüência assídua.

> **"Eu gosto do que faço e tenho liberdade em minha empresa. Isso é o que mais me motiva a levantar de manhã e ir trabalhar. Tenho liberdade para executar meu trabalho e para levar reclamações ou elogios aos meus supervisores, que me escutam de verdade. É muito mais prazeroso ter um emprego assim do que ser simplesmente soterrado em tarefas."**
>
> — Jerry Forsythe (Operador sênior da Chaparral Steel)

Para reconhecer os funcionários mais assíduos, a Merle Norman Cosmetics, sediada em Los Angeles, Califórnia, oferece os seguintes presentes:

Um ano: um relógio de ouro.

Dois anos: um videogame, utensílios de cozinha ou um faqueiro de inox.

Três anos: um aparelho de som ou um televisor portátil.

Quatro anos: um processador de alimentos.

Cinco anos: uma câmera.

Seis anos: aparelhos eletrônicos de uso pessoal.

Sete anos: um televisor.

Oito anos: um forno de microondas.

Nove anos: um anel especialmente desenhado.

Dez anos: uma viagem de duas semanas ao Havaí com tudo pago e direito a acompanhante.

Quinze anos: uma viagem de duas semanas a qualquer lugar no mundo, com todas as despesas pagas, para o funcionário e seu cônjuge, parente ou amigo.

Você quer saber sobre a eficiência desses incentivos? Houve um ano em que mais de 10% de todos os funcionários horistas não faltaram nem chegaram atrasados. Além disso, oito colaboradores passaram 10 anos sem faltar ao trabalho.

Uma grande fábrica com 7.500 funcionários horistas aumentou a assiduidade do pessoal oferecendo privilégios não monetários combinados com disciplina progressiva por faltas excessivas.

Na tentativa de reduzir as faltas, a New York Life Insurance Company realiza um sorteio trimestral entre os funcionários que não faltam. Os 10 primeiros sorteados ganham 200 dólares, os 20 seguintes recebem 100 dólares e outros 70 têm direito a uma folga remunerada de um dia. Um sorteio especial é realizado entre os colaboradores com assiduidade integral durante todo o ano. Os prêmios são duas contas de poupança de 1.000 dólares e mais 10 dias de folga remunerada.

Na Toyota Motor Company of America, todos os funcionários sem nenhuma falta ao longo do ano recebem um cupom para participar do sorteio de um carro. Se o colaborador nunca tiver faltado por dois anos consecutivos, ele recebe dois cupons, e assim por diante. Anualmente sorteiam-se seis carros.

A JP Morgan Chase & Company em Nova York registrou uma economia de 820 mil dólares com redução das faltas no período de um ano, oferecendo apoio aos funcionários no cuidado com filhos pequenos. Os colaboradores recebem 20 dias livres por ano para se dedicar às crianças.

Quando Vic Anapolle gerenciava as operações de um grupo que trabalhava com produtos químicos na W. R. Grace em Atlanta (agora Grace, sediada em Columbia, Maryland), ele adotou um novo sistema motivacional. Começando com um pequeno orçamento de 100 dólares anuais por pessoa e usando bilhetes de raspadinha para premiar práticas de segurança, Vic estabeleceu uma meta de 1 milhão de horas sem acidentes. Além de superar essa marca, ultrapassando 1,5 milhão de horas, sua equipe conseguiu ser aprovada com excelente conceito numa fiscalização-surpresa de produtos químicos.

Na FedEx Freight West em San Jose, Califórnia, os funcionários que trabalham com segurança e também os motoristas recebem um presente de reconhecimento (broches, relógios e anéis com diamantes) por marcos de segurança a cada cinco anos. Outros prêmios trimestrais e anuais em dinheiro e roupas, bem como uma viagem no caso dos vencedores do ano, são concedidos a quatro colaboradores (um em cada um dos quatro grupos de trabalho) por suas extraordinárias realizações nessa área. Os concursos são promovidos em diferentes lugares, e as equipes vitoriosas são homenageadas com churrascos e roupas.

"Os colaboradores que fazem e recebem elogios no trabalho apresentam melhores níveis de segurança e menos registros de acidentes."

– DESCOBERTAS DA GALLUP

Na Furst-McNess Company em Freeport, Illinois, que fabrica rações de animais, Mark S. Fryer, diretor de recursos humanos, diz que a empresa dá 25 dólares a todos os funcionários que trabalham com um carro da companhia durante um ano sem receber multa. Quando um colaborador passa três anos sem cometer nenhuma infração de trânsito, ele ganha mais 100 dólares. O número de acidentes com os veículos da empresa caiu significativamente graças a esse programa.

"O programa de reconhecimento, junto com um bom treinamento e supervisão, ajuda os colaboradores a ter sempre em mente a importância da segurança – incluindo a administração e os supervisores. Isso nos auxilia a manter o foco como equipe."

– JIM RAINSBERGER (Superintendente da divisão de oleodutos da Quaker State)

A Southern Wine & Spirits, distribuidora de água, sucos e bebidas alcoólicas, concede um prêmio de reconhecimento que vem ajudando a diminuir em 70% perdas financeiras anuais relacionadas à segurança – uma redução de quase 1 milhão de dólares. O prêmio, um anel de ouro e diamante, é dado aos motoristas que não se envolverem em acidentes durante cinco anos consecutivos. Um diamante de 1 quilate é adicionado ao anel a cada ano de segurança contínua. O motorista Alex Barnes diz orgulhosamente: "É realmente uma honra usar o anel."

Parte VI

PROGRAMAS CORPORATIVOS FORMAIS DE PREMIAÇÃO

Os programas formais de premiação e reconhecimento abordados neste capítulo fazem parte de esquemas ainda mais complexos e estruturados do que aqueles usados nas realizações específicas. Aqui você lerá sobre programas de premiação em vários níveis e sistemas de pontuação; benefícios corporativos e privilégios; maneiras especiais de celebrar aniversários dos funcionários e tempo de serviço; ações beneficentes e programas de atividades comunitárias; e participação acionária e propriedade da empresa.

Tim Puffer, da Puffer & Associates, firma de marketing e relações públicas em St. Paul, Minnesota, descreve oito diretrizes gerais para realizar um bom programa de premiação e reconhecimento: (1) defina os objetivos; (2) conduza o processo com exemplo administrativo; (3) desenvolva critérios específicos; (4) dê prêmios significativos; (5) envolva os funcionários; (6) mantenha a clareza da comunicação; (7) premie as equipes; e (8) gerencie os prazos mais longos.

Programas de premiação em vários níveis & sistemas de pontuação

Grande parte das empresas possui um ou mais programas formais de premiação para reconhecer o desempenho dos funcionários. Essas iniciativas são sempre integradas para atender as necessidades de pessoas de características diferentes e de níveis hierárquicos diversos. Embora elas costumem homenagear apenas um pequeno número de colaboradores, a experiência que proporcionam é significativa e motivadora, e o exemplo público ajuda a moldar as aspirações de outros profissionais.

A Banister Shoe em White Plains, Nova York, combina programas para premiar e reconhecer funcionários em todos os níveis e por várias realizações. Os formais incluem "Gerente do Ano"; "Gerente Regional do Ano"; "Realização em Liderança", também conhecido como "anel-águia" (o colaborador recebe primeiro um anel de ônix e, depois, diamantes para decorá-lo a cada evento de reconhecimento adicional); "Prêmio de Realização"; e título de sócio do "Clube Presidencial" para os gerentes de loja.

Entre os programas mais informais estão as "reuniões de heróis", promovidas mensalmente no escritório central para anunciar as realizações e incentivar os funcionários a trocar elogios entre si. Esses encontros incluem também aplausos espontâneos de pé por uma série de conquistas dos colaboradores.

"Quanto maior o número de prêmios, maior a possibilidade de ganhá-los, o que aumenta a expectativa do pessoal. Isso faz com que o colaborador comum se esforce mais para realizar."

– Tom Peters e Robert H. Waterman (Extraído de *Vencendo a crise*)

Catherine Meek, da Meek & Associates, empresa de consultoria em compensação em Ojai, Califórnia, fala sobre um hospital com o qual trabalhou: "Havia sempre de 12 a 15 programas de reconhecimento sendo realizados, todos desenvolvidos pelos funcionários. Os zeladores e o pessoal da limpeza criaram o 'Prêmio Vassoura de Ouro'. Se qualquer pessoa – à exceção de um zelador – for vista recolhendo lixo, ela ganha pequenos cartões decorados com uma vassoura. Depois de receber 10 cartões, é presenteada com algo mais – nada muito caro, mas que deixa clara a mensagem.

Segundo Meek, há também o programa "Serviço Garantido", que assegura a devolução do dinheiro do paciente em procedimentos não cirúrgicos, caso a pessoa não fique totalmente satisfeita com o atendimento. O hospital conta com um fundo para isso, e cada centavo que não é devolvido é sorteado entre os funcionários. Assim, os colaboradores concentram-se em oferecer o melhor tratamento aos pacientes, pois, quanto mais alta a qualidade de seus serviços, maior é o fundo e mais dinheiro eles ganham.

Ela diz que há também o programa "Flagra de uma Boa Ação". Os colaboradores recebem pequenos cartões com a frase: "Fui flagrado praticando uma boa ação". Depois de acumular determinado número de cartões, a pessoa pode trocá-los por vários produtos, como equipamentos eletrônicos.

"Nada disso toma muito tempo, desde que se consiga envolver os funcionários nessa série de programas. O hospital não pensa no tempo. É assim que eles trabalham", afirma Meek.

"Crie um ambiente dinâmico de trabalho variando as atividades, adotando programas de alternância de funções, de modo que as pessoas não fiquem estagnadas em suas posições atuais, e oferecendo oportunidades de desenvolvimento pessoal e profissional."

– RON ROSENBERG (Fundador do Drive-You-Nuts.com, site de orientação e atendimento ao cliente)

O Radisson Hotels & Resorts, sediado em Minnetonka, Minnesota, adota um programa destinado a aumentar a retenção de funcionários e aprimorar o atendimento. Os gerentes dos hotéis dão pontos aos colaboradores por atendimento aos hóspedes, pontualidade, aprimoramento da qualidade das operações, cumprimento das metas de produção e de lucro e indicação de novos profissionais. Esse sistema de pontuação considera ainda os cartões de comentários dos clientes e as avaliações trimestrais dos supervisores. Os gerentes são premiados por reduzir a rotatividade de pessoal e os custos, por aumentar a taxa de retorno dos cartões de comentários e por aplicar sugestões apresentadas.

O ponto alto do programa é sua estrutura de prêmios. "Oferecemos prêmios-padrão como televisores, eletrodomésticos e material esportivo", diz Sue Gordon, vice-presidente de recursos humanos. Mas as pessoas podem escolher prêmios mais práticos, como vales-transporte, serviço gratuito nas creches locais, reembolso de custos com instrução e fundos educacionais.

"Um sólido programa de aprimoramento do desempenho se paga pelos lucros que ele gera."

– THE MBF GROUP, INC.

A Newstrack Executive Information Service em Pitman, Nova Jersey, usa o programa "Cupons de Reconhecimento de Funcionários", que ajuda a promover o trabalho em equipe, aumenta a motivação e estimula a valorização entre os colaboradores.

Cada funcionário recebe 20 cupons. Ao ver um colega fazendo algo extraordinário, ele escreve algumas palavras de elogio num deles e o entrega à pessoa. Os colaboradores guardam os cupons (o máximo de 20 por ano) e os trocam por prêmios especiais:

1 cupom: um vale para lavar o carro de graça.
5 cupons: um vale-refeição de 25 dólares.
10 cupons: um vale-brinde de 50 dólares de uma loja de departamentos.
15 cupons: uma noite num hotel com direito a acompanhante.
20 cupons: filiação a um spa por um ano.

ESTUDO DE CASO SOBRE SISTEMAS DE PONTUAÇÃO

Uma pesquisa realizada na Cascades Diamond em Thorndike, Massachusetts, mostrou que 79% dos funcionários não achavam que eram premiados por um bom trabalho, 65% acreditavam que a administração não os tratava com respeito e 56% encaravam sua atividade de forma pessimista.

Para mudar essas opiniões, a empresa desenvolveu o programa "O Clube dos 100", que destaca a assiduidade, a pontualidade e a segurança entre o pessoal de nível hierárquico mais baixo. O funcionário ganha 25 pontos por um ano sem faltas, 20 pontos por um ano sem receber nenhuma advertência e 15 pontos por um ano sem acidentes. O colaborador perde pontos para cada dia de ausência total ou parcial. Quem acumula 100 pontos recebe uma jaqueta de náilon com o logotipo da Diamond acompanhado da inscrição "O Clube dos 100".

No primeiro ano do programa, a divisão economizou 5,2 milhões de dólares e aumentou a produtividade em 14,5%, enquanto os erros de qualidade apresentaram uma queda de 40%. Em uma nova pesquisa, 86% dos funcionários responderam que a empresa e a administração os consideravam "importantes" ou "muito importantes"; 81% afirmaram ter recebido "reconhecimento da companhia"; e 73% disseram que a organização mostrava "preocupação pelos colaboradores como pessoas". Em média, 79% acreditavam ter melhorado sua própria atitude quanto à qualidade do trabalho.

> **"Um cenário bem construído de reconhecimento oferece a oportunidade de mais importante de exibir e reforçar o novo comportamento que se espera que os outros repitam."**
>
> – Tom Peters (Escritor e consultor administrativo)

ESTUDO DE CASO SOBRE PROGRAMAS DE RECONHECIMENTO EM DIVERSOS NÍVEIS

O MidMichigan Regional Medical Center em Midland adota vários programas formais de reconhecimento que se estendem a diversos níveis.

No nível corporativo, funcionários, voluntários e médicos podem indicar seus respectivos pares ao "Prêmio Maçã" por qualquer coisa que eles tenham feito que tenha ultrapassado o limite das suas obrigações. Essas indicações são encaminhadas a um comitê que se encarrega de verificar se elas atendem os critérios estabelecidos. Ao ser aprovado por esse grupo, o indicado recebe um broche no formato de uma maçã. Depois de ganhar cinco maçãs, ele tem direito a uma maçã de prata; após ser premiado com cinco maçãs de prata, recebe uma maçã de ouro. Nos níveis prata e ouro, as entregas são formais e acompanhadas de vales-brinde.

A cada mês, um funcionário é escolhido como a "Pessoa Mais Valiosa" por indicação dos colegas. No fim do ano, pede-se que o pessoal vote nos 12 candidatos e escolha "A Pessoa Mais Valiosa do Ano". Todo mês, fotos desse colaborador são colocadas nas duas entradas principais do centro médico. Além disso, registros sobre ele são divulgados no jornal interno da empresa e num jornal local.

No nível dos departamentos, foi criado pelo Departamento de Farmácia um "formulário de reconhecimento" que qualquer colaborador pode preencher. Essas fichas são enviadas aos gerentes e usadas na escolha do "Funcionário do Mês" interno, que é selecionado por suas realizações e não pelo número de votos recebidos. O vencedor ganha um vale-brinde de 25 dólares. Folhas de reconhecimento constam também de um relatório que é distribuído na reunião mensal do setor. Em dezembro, é realizado o concurso "Funcionário do Ano". As fotos de cada um dos 12 colaboradores homenageados são afixadas na parede do departamento e todos votam. O vencedor recebe um presente.

O escritório de negócios mantém o "Quadro de Elogio e Reconhecimento". Em todo o departamento, há formulários de apreciação e elogio. Os colaboradores são incentivados a reconhecer os colegas. Caso a pessoa deseje, ela pode afixar o formulário preenchido no quadro. Todos os formulários participam de um sorteio mensal – o prêmio é um vale-brinde.

O Family Practice Center emprega vários métodos de reconhecimento. Todas as reuniões de equipe começam com agradecimentos entre os colegas. Quando se percebe que alguém está fazendo algo bem ou desenvolvendo uma atividade especial, a "Flor do Family Practice Center" é entregue à pessoa com um cartão do departamento. São realizados ainda almoços nos intervalos.

O departamento de registros médicos distribui a "Papeleta da Boa Ação", que os colaboradores são incentivados a preencher. Metade dela é encaminhada para o próprio indicado e metade para a caixa de sugestões. A pessoa que recebe o maior número de papeletas torna-se o "Funcionário do Mês" (há também o "Funcionário do Ano"). Além disso, esse departamento contrata novos profissionais usando uma equipe de entrevistadores. O gerente e os supervisores fazem parte desse grupo, enquanto os demais integrantes são indicados e eleitos pelos colegas. No fim do processo de entrevista, a equipe é presenteada com um almoço ou jantar.

No Departamento de Recursos de Informação, todo mês é designado um "Repórter da Boa Notícia". Essa pessoa entrevista clientes e colegas para levantar dados relativos a bons desempenhos. As apresentações dos resultados são sempre muito criativas: já se contratou um cantor de rap para animar o evento e filmaram-se crianças anunciando as boas ações do mês no formato de um noticiário de televisão.

O Centro Médico tem muitas equipes formadas por colaboradores de diferentes funções e departamentos diversos, que são estimulados a celebrar suas conquistas. Esses grupos costumam organizar almoços comemorativos. Um ano e meio após o início de suas reuniões, a Equipe de Recursos havia realizado duas grandes ações. No seu encontro trimestral foi organizada uma comemoração-surpresa em que cada integrante recebeu uma caneca com a inscrição "membro fundador". Os participantes ganharam ainda uma carta assinada pelo presidente do Centro Médico e foram parabenizados pelo supervisor da equipe por suas realizações. Os líderes dos subgrupos receberam vales-brinde.

> **"Não basta dizer às pessoas que elas deveriam ficar contentes pelo fato de trabalharem aqui. Numa época em que se espera que os funcionários se esforcem ao máximo com poucos recursos, é preciso premiá-los por esse esforço."**
>
> — BRUCE DONATUTI (Diretor de política de recursos humanos do Citibank)

A FedEx realiza uma série de premiações por esforços individuais e em equipe:

- O "Prêmio Círculo de Excelência", concedido mensalmente à unidade da companhia com o melhor desempenho, enfatiza o trabalho em equipe.
- O "Prêmio Falcão Dourado" homenageia os funcionários que não medem esforços para atender bem os clientes. Os ganhadores recebem um broche de ouro, um telefonema de felicitação de um executivo sênior e 10 ações da empresa.
- O programa "Bravo Zulu" (expressão usada na marinha que significa "muito bem-feito") permite que os gerentes dêem um jantar, ingressos para teatro ou dinheiro a qualquer colaborador que tenha executado um excelente trabalho.

Phil Hughes, diretor de recursos humanos dos restaurantes Acapulco em Long Beach, Califórnia, explica como os colaboradores são premiados:

- 100 dólares para cada indicação de colaborador horista que seja contratado após 90 dias.
- 300 dólares por indicações de pessoas a cargos administrativos depois de 90 dias.
- O "Funcionário do Mês" recebe 50 dólares, um dia de folga e uma vaga no estacionamento próxima à entrada principal por 30 dias.
- O programa "Ótimas Idéias" dá prêmios de até 1.000 dólares por sugestões que gerem economia.
- Uma placa e um cheque de até 2.500 dólares, assinado e entregue pelo presidente da empresa, por um serviço extraordinário.
- O chefe do departamento oferece um almoço aos funcionários por um trabalho bem-feito. O pessoal administrativo prepara um café da manhã para os colaboradores da linha de frente.

- Em datas comemorativas durante todo o ano, são realizadas distribuições de prêmios, como viagens, dinheiro e passeios de limusine.
- Toda sexta-feira os funcionários podem ir trabalhar usando roupas informais.
- São realizados concursos mensais nos restaurantes em diversas categorias, como melhor atendente, melhor assistente de garçom, etc.

"Os melhores programas são aqueles que fazem com que os participantes entrem em ação e aproveitem as oportunidades para fazer o melhor."

– Revista *Incentive*

Benefícios corporativos & privilégios

Na hora de escolher um emprego, as pessoas costumam levar em conta os benefícios que a empresa oferece, como assistência odontológica, creche, programas de atividade física, serviços psicológicos, apoio à adoção, etc. Na rotina do trabalho, entretanto, esses incentivos não contribuem muito para motivar os colaboradores a se empenhar da melhor forma a longo prazo. Os benefícios e privilégios descritos neste capítulo (ao contrário dos benefícios pessoais abordados na parte III) são assegurados a todas as pessoas e envolvem um custo financeiro para a organização. A seguir, você verá uma série de opções nessa área que, se combinadas a comportamentos e desempenhos desejados, podem se tornar motivadores importantes.

"Usávamos o termo 'benefícios extras', mas cortamos a palavra 'extras' quando vimos a magnitude desses benefícios."

– James Morris (Diretor de pesquisa da Câmara de Comércio dos Estados Unidos)

Na Paychex, o programa de bem-estar "Vitalidade" publica um boletim informativo trimestral, o *Personal Best*, que oferece dicas sobre vida saudável, testes, exercícios, nutrição e bons tratamentos de saúde. O mais importante é que a companhia paga por uma avaliação clínica realizada por uma unidade médica que visita cada filial. Os funcionários podem telefonar para o coordenador de bem-estar pedindo que ele os ajude no entendimento do exame e de suas implicações, na pesquisa de assuntos correlatos e na elaboração de um plano de melhoria da saúde. Quase metade dos colaboradores participa desse programa.

A IBM oferece realização de exames físicos e aulas sobre saúde. Na Johnson & Johnson, os colaboradores têm acesso a uma grande academia de ginástica com a opção de se matricular num programa abrangente que inclui exames físicos e orientação profissional.

A Pioneer Natural Resources Company, empresa de petróleo e gás em Irving, Texas, dá aos trabalhadores até 700 dólares por ano em bônus, caso eles se exercitem três vezes por semana, não fumem e não tirem licença médica. Desde que o programa começou, os custos da companhia com saúde têm ficado 25% abaixo da média do setor.

A Westinghouse em Monroeville, Pensilvânia, dá bônus anuais de 200 dólares aos funcionários que fazem 10 minutos de aeróbica três vezes por semana durante pelo menos nove meses por ano. A empresa estima economizar 1.715 dólares anualmente com cada colaborador que se mantém em forma.

A Reader's Digest em Pleasantville, Nova York, concede aos funcionários reembolsos de até 50% do custo de academias de ginástica. Os que escolhem fazer aulas de esportes ou participar de algum time também são reembolsados de parte dessas taxas. A Time, Inc. faz o mesmo se a academia tiver um programa cardiovascular.

A Steelcase, Inc., sediada em Grand Rapids, Michigan, proporciona aos colaboradores um serviço básico de atendimento hospitalar com 19 enfermeiros e dois médicos. A empresa conta ainda com um psicólogo e dois assistentes sociais que orientam gratuitamente os funcionários com problemas.

A PricewaterhouseCoopers oferece um programa de fontes e referências para os funcionários que precisam de informações a respeito de cuidados infantis. Uma consultora sênior usou o serviço para arranjar outra babá quando a sua pediu demissão no momento em que ela estava fechando um negócio de meio milhão de dólares. A colaboradora conseguiu entrevistar candidatas imediatamente sem faltar a nenhum dia de serviço. Quase 30 escritórios da PricewaterhouseCoopers subsidiam cuidados com crianças nos fins de semana durante o assoberbado período de entrega da declaração do imposto de renda.

A Ryder System tem uma creche subsidiada em frente à sua sede em Miami, Flórida, para atrair e reter profissionais talentosos que tenham filhos pequenos. A companhia está construindo uma escola de ensino fundamental de 5 milhões de dólares ao lado. “Queremos que as pessoas escolham trabalhar conosco”, diz Anthony Burns, diretor da empresa. A proximidade da escola proporcionará ganhos em produtividade para a Ryder, pois as reuniões de pais e mestres, bem como as atividades esportivas, serão realizadas do outro lado da rua. Os filhos dos funcionários terão prioridade a 300 vagas.

O NationsBank, sediado em Charlotte, Carolina do Norte, oferece cinco creches, entre unidades no local e nas imediações, para seus 100 mil funcionários. A empresa mantém ainda um convênio com uma escola pública para 150 alunos, do jardim-de-infância à terceira série, em Jacksonville, Flórida.

O First International Bank & Trust em Watford City, Dakota do Norte, abre sua sala de conferência para os filhos dos funcionários em idade escolar todas as tardes. As crianças têm autorização para ver televisão e podem lanchar e começar a fazer o dever de casa enquanto os pais encerram suas atividades. Dennis Walsh, presidente do banco, conta que nos últimos quatro ou cinco anos nenhum colaborador pediu demissão.

> **"Muitas empresas de vários portes estão desenvolvendo a próxima geração de planos flexíveis de benefícios, que eu chamo de programas de ciclo de vida. Essas iniciativas partem da premissa de que os funcionários podem, melhor do que ninguém, elaborar um programa que atenda suas próprias necessidades e, ao mesmo tempo, trabalhar dentro dos parâmetros da organização. O resultado pode ser interessante para ambas as partes, com os colaboradores utilizando uma série de benefícios durante toda a vida profissional."**
>
> – GARY KUSHNER (Presidente da Kushner & Co.)

A Baxter International, Inc., que vende produtos, sistemas e serviços, dá acesso prioritário aos funcionários em mais de

150 creches em todo o país a preços reduzidos. A empresa paga até um ano de terapia para os colaboradores.

O Marriott International, sediado em Bethesda, Maryland, ajuda os funcionários a conciliar o trabalho com a vida pessoal por meio de diversos programas inovadores, entre os quais o "Trabalho e Vida", que garante um centro de desenvolvimento infantil, descontos em cuidados com crianças, verba para cuidados com a família, além de serviços de referência para crianças, idosos e questões familiares.

O JP Morgan Chase & Co. criou uma sala de amamentação em seu escritório em Wall Street para que as funcionárias possam voltar ao trabalho logo após a licença-maternidade.

A Leo Burnett Worldwide, Inc. provê até 3 mil dólares em assistência para adoção; a H. B. Fuller, a Herman Miller e a Medtronic Physio-Control Corporation destinam 1.500 dólares para esse fim; e a IBM e a Procter & Gamble reservam 1.000 dólares.

A Fel-Pro, Inc. em Southfield, Michigan, oferece um adiantamento sem juros de até 2.250 dólares para que seus funcioná-

"Ao oferecermos seguros aos funcionários de meio expediente, ajudamos a reduzir a rotatividade pela metade num setor em que a taxa anual é maior do que 100%. Graças a essa queda, economizamos mais em custos de treinamento do que gastamos com seguros."

– Howard Schultz (Presidente da Starbucks Coffee Co.)

rios de tempo integral possam comprar computadores. O pagamento do empréstimo é feito em dois anos com descontos em folha. A empresa já financiou computadores para 367 colaboradores.

Com o programa de assistência à adoção da Timberland em Ontário, Califórnia, os funcionários recebem até 10 mil dólares (12 mil dólares no caso de crianças especiais) para ajudar nas despesas de adoção. Eles ganham ainda duas semanas de licença remunerada durante o processo e podem tirar uma folga remunerada adicional assegurada pela conta "Licença de Estilo de Vida".

Na Apple Computer, sediada em Cupertino, Califórnia, todos os funcionários – do pessoal das linhas de montagem aos vice-presidentes – recebem um computador emprestado dois meses após sua admissão na empresa. Dez meses depois, eles se tornam proprietários dos equipamentos. Houve um Natal em que os colaboradores foram presenteados com calculadoras solares. No ano seguinte, ganharam artigos eletrônicos pessoais.

A Benjamin Moore & Company, sediada em Montvale, Nova Jersey, permite que os funcionários comprem suas tintas a preços de atacado. A empresa também envia profissionais para pintar as casas de dois colaboradores por ano.

> **"Nossa preocupação inicial com as relações humanas não foi motivada pelo altruísmo, mas pela simples crença de que, se respeitássemos nossos funcionários e os ajudássemos a respeitar a si mesmos, a empresa teria lucros maiores."**
>
> – THOMAS J. WATSON, JR. (Ex-presidente da IBM)

Na fábrica da Nissan em Smyrna, Tennessee, qualquer colaborador com um ano de serviço tem direito a fazer um leasing de um carro da empresa por 160 dólares mensais, incluindo manutenção, impostos, licença e seguro.

A vinícola Robert Mondavi em Napa, Califórnia, dá a todos os funcionários uma caixa de vinho a cada três meses. Qualquer pessoa que trabalha para a Anheuser-Busch Companies, sediada em St. Louis, Missouri, tem direito a duas caixas de cerveja por mês.

O parque SeaWorld em San Diego, Califórnia, presenteia os colaboradores com quatro ingressos por ano e os convida a levar amigos e parentes para assistir aos shows gratuitamente durante a "Noite do Funcionário".

Entre outras empresas que premiam os colaboradores com os próprios produtos estão:

- O General Cinema: ingressos para filmes no valor de 1 dólar para funcionários e convidados.
- O Mirage Resort: entradas para shows em Las Vegas, Nevada; almoço no restaurante do hotel uma vez por mês.
- A Southwest Airlines: passagens gratuitas para funcionários e familiares.
- Ben & Jerry's: 1,5l de sorvete para todos os colaboradores.

A Exxon Mobil Corporation dá aos funcionários um desconto de 10% na compra de gasolina e de 15% na aquisição de baterias, pneus e acessórios. A FedEx, a Liebert Corporation e a Linnton Plywood vendem gasolina a preço de custo para os colaboradores. A Merle Norman Cosmetics também concede abatimento para seu pessoal na compra de produtos de beleza.

Na Delta Airlines, os funcionários e seus cônjuges recebem anualmente passagens para qualquer destino dentro do sistema da empresa. Após 10 anos de casa, eles têm direito a taxas reduzidas em outras linhas aéreas. Os colaboradores da FedEx podem viajar de graça nos aviões da organização e a preços reduzidos em vôos de outras companhias.

A editora Random House presenteia todos os colaboradores com 10 livros por ano e um desconto de 50% em todas as suas publicações.

A REI, fabricante de equipamentos recreativos, sediada em Kent, Washington, permite que os funcionários usem sem nenhum custo seus produtos destinados a aluguel. A empresa também os presenteia com lançamentos ainda não disponíveis nas lojas. Os itens são entregues pessoalmente por um membro da equi-

"A forma como as empresas tratam os funcionários reflete a qualidade de sua administração. E administração de qualidade sempre resulta em organizações sólidas. Um forte esquema de relacionamento com os colaboradores geralmente indica a existência de executivos perspicazes que usam métodos criativos de gestão empresarial, que podem ser demonstrados por meio de benefícios superiores, políticas que favorecem a família, recordes de segurança e relações sindicais."

– STEVEN LYDENBERG (Diretor de pesquisa da Kinder, Lydenberg & Co.)

pe sênior a todas as unidades e departamentos. Os grupos aproveitam a oportunidade para realizar reuniões, cafés da manhã e jantares. São organizadas ainda sessões de bate-papo entre os líderes das lojas, os executivos seniores e trabalhadores da linha de frente.

A maioria dos funcionários da rede Westin Hotels faz as refeições gratuitamente no trabalho. Aqueles que completam um ano de serviço têm direito a utilizar quartos. Quem trabalha na empresa há 10 anos pode se hospedar no hotel com a família durante 15 dias e se beneficiar de um desconto de 20% nas refeições. Outros colaboradores pagam somente metade do valor da diária de qualquer quarto.

A Medtronic Physio-Control Corporation oferece um serviço de ônibus durante os horários de pouco movimento de veículos às sextas-feiras e nos fins de semana para os funcionários que estejam trabalhando em turnos excepcionais.

Na Nissan em Smyrna, Tennessee, os colaboradores do escritório e da fábrica recebem gratuitamente três peças de roupas de trabalho cada um. O uso de uniformes é facultativo.

Em sua fábrica em Dallas, Texas, a Mary Kay, Inc. dá a todos os funcionários da linha de produção, entre homens e mulheres, três conjuntos de roupas por ano.

Os colaboradores do time de beisebol Los Angeles Dodgers, na Califórnia, ganham os mesmos presentes e itens promocionais – entre bonés, jaquetas e bastões – que são dados aos fãs durante as temporadas de jogos.

A Delta Airlines oferece uniformes numa grande variedade de estilos para que os comissários de bordo escolham os de sua preferência.

Os funcionários da prefeitura de Decatur, Illinois, ganham "jaquetas da empresa" com o logotipo da cidade na frente.

Shirley Kauppi, proprietária e gerente do King Copper Motel em Copper Harbor, Michigan, oferece sucos, refrigerantes, frutas e lanches para o pessoal da limpeza. Kauppi também permite que os cônjuges e filhos dos colaboradores usem determinado quarto do hotel para assistir à televisão ou ler até que os funcionários terminem o trabalho.

Exemplos de benefícios oferecidos pela Time Warner

- Quando os colaboradores trabalham até mais tarde, eles recebem 10 dólares para jantar e um táxi de graça para casa.
- Os funcionários ganham exemplares de todas as revistas da Time, Inc.
- Pais e mães têm direito a licença de até um ano.
- Os colaboradores são presenteados com ingressos para os museus mais importantes de Nova York.

A Leo Burnett Worldwide, Inc., a maior agência de propaganda de Chicago, Illinois, deixa uma tigela de maçãs nas salas de recepção de cada um dos 11 andares do seu prédio. A empresa distribui 1.000 maçãs diariamente.

Todos os dias a JP Morgan Chase em Nova York paga o almoço dos seus 6 mil funcionários. O custo anual desse benefício é de 8 milhões de dólares. Os colaboradores da Northwestern Mutual, sediada em Milwaukee, Wisconsin, também recebem almoço diário, uma iniciativa que custa à companhia cerca de 3 milhões de dólares por ano.

Todos os dias, um chef prepara um almoço de sete pratos na Merle Norman Cosmetics, sediada em Los Angeles, Califórnia, a um custo mínimo para os funcionários. Os lanches e as bebidas são de graça e ficam à disposição dos colaboradores no refeitório durante os intervalos da manhã e da tarde. Pela manhã, eles podem escolher entre bolinhos de fôrma, folhados e croissants. À tarde, é oferecida uma grande variedade de tortas ou bolos, biscoitos e sorvetes.

Todos os dias, exatamente às 15h30, o Fox Chase Cancer Center da Filadélfia oferece chá com biscoitos a funcionários, pacientes, fornecedores e visitantes que estejam no prédio. Cerca de 200 pessoas desfrutam desse benefício todos os dias. A reação dos colaboradores a essa tradição tem sido muito positiva. "Temos a oportunidade de sair da rotina, tomar um ar e recarregar as baterias", diz Kathy Alpaugh. "Também podemos interagir com os colegas e contar piadas", acrescenta Jack Zilfou. Essa iniciativa, que sobreviveu a grandes mudanças e desafios, deixa o dia mais leve.

A Remington Products em Shelton, Connecticut, sempre presenteia os funcionários com um peru no Natal, além de adicionar um item a cada ano, como molhos, mistura para recheios ou um cupom para ser trocado por uma garrafa de vinho. Todos os produtos são embrulhados pelos executivos da empresa.

> **"Mais importante do que conceder um benefício corporativo é fazer com que os funcionários o valorizem."**
>
> – Bob Nelson

ESTUDO DE CASO SOBRE BENEFÍCIOS E PRIVILÉGIOS DE FUNCIONÁRIOS

Quando a Valassis, empresa de marketing em Livonia, Michigan, comprou a NCH Marketing Services, sediada em Lincolnshire, Illinois, com escritórios no exterior (Reino Unido, Itália, Espanha, Alemanha, França e México), o quadro de pessoal passou de 1.600 para 4 mil funcionários e a organização assumiu um perfil internacional. No primeiro aniversário dessa bem-sucedida aquisição, o presidente da Valassis enviou flores a todas as filiais da NCH, agradecendo por um ano de sucesso e expressando as expectativas para o futuro. Cartões de agradecimento também foram criados pelos designers gráficos internos, traduzidos para cinco idiomas e assinados pelos dirigentes da Valassis e da NHC nos Estados Unidos e nos outros países.

Em seus momentos livres durante o expediente, os funcionários da Valassis são convidados a vender peças de artesanato para os colegas no evento "Mercado de Arte", promovido em novembro. As pessoas gostaram muito da adoção desse programa e aguardam ansiosas por sua realização todo ano.

Os colaboradores são também incentivados a convidar os familiares para acompanhá-los no almoço nos refeitórios da empresa, onde há cadeiras altas para crianças. A Valassis tem uma sala para a família que oferece privacidade às lactantes e é equipada com uma bomba de sucção de leite, geladeira, televisor,

DVD, brinquedos, bolas e outros objetos infantis. Todos esses atrativos são úteis para quem precisa levar os filhos para o trabalho quando surgem imprevistos. Na ocasião do nascimento ou da adoção de um bebê, a companhia presenteia os pais com assentos infantis para carros.

Além disso, quando os filhos dos colaboradores concluem o ensino médio, a empresa lhes dá uma sacola com um atlas, lanches e outros presentes. Depois, quando eles vão para a faculdade, a companhia lhes envia kits contendo diversos itens.

Na sua matriz em Livonia, a Valassis oferece os serviços de um salão de beleza. Lá também se encontra um médico que visita os departamentos e responde a perguntas dos colaboradores on-line. Todos os anos, os funcionários recebem a vacina de prevenção da gripe com desconto.

A Northwestern Mutual em Milwaukee, Wisconsin, tem vários clubes – de grupos de pescarias e corridas ao coral da empresa. Os aposentados que permanecem como membros são isentos do pagamento das taxas.

> **"Esta é uma regra simples, mas poderosa: sempre dê às pessoas mais do que elas esperam."**
>
> – Nelson Boswell

Os funcionários da Hewlett-Packard em qualquer parte do mundo podem fazer reservas para se hospedar, a preços módicos e por um período limitado, em qualquer uma das áreas de recreação da empresa localizadas na Califórnia, no Colorado, na Pensilvânia, na Malásia, na Escócia e nos Alpes alemães.

Aniversários de funcionários & de tempo de serviço

Celebrar os aniversários é uma forma importante de reconhecer uma relação duradoura entre a companhia e seus colaboradores. Noventa e dois por cento das empresas concedem algum tipo de prêmio por tempo de serviço. Para cerca de 50% dos profissionais, esses programas são muito ou extremamente importantes. Essas iniciativas são mais voltadas para o reconhecimento dos anos de casa do que do desempenho, afinal o tempo de trabalho do funcionário é crucial para o sucesso e a estabilidade da maioria das organizações.

Comemorar os aniversários dos colaboradores é outra forma importante e pessoal de homenageá-los. Veja alguns exemplos.

Na Country Kitchen International, sediada em Madison, Wisconsin, o pessoal do restaurante recebe uma estrela dourada bordada para ser usada no uniforme três meses após sua contratação. Outras estrelas são concedidas para quem completa seis e nove meses de casa.

Na Wilson Learning Corporation, em Minnesota, todos os funcionários recebem um relógio do Mickey Mouse depois de três meses na empresa. O objetivo do presente é fazer com que se lembrem de se divertir enquanto trabalham. Quando completam 10 anos de serviço, eles ganham outro relógio do Mickey – só que dessa vez de ouro.

Todos os hotéis da rede Westin realizam um banquete anual em homenagem aos funcionários com mais de cinco anos de casa.

Após cinco anos na Mary Kay, Inc., os funcionários ganham 20 ações; ao completarem 10 anos, recebem 80 ações; com 15 anos de serviço, são presenteados com 120 ações.

A H. B. Fuller Company, fabricante de colas, adesivos e seladores, sediada em St. Paul, Minnesota, concede um bônus especial de férias a cada cinco anos, começando no décimo aniversário do funcionário na empresa. Ou seja, nos aniversários de 10, 15 e 20 anos e a cada cinco anos depois disso, a pessoa ganha duas semanas extras de férias remuneradas e mais uma gratificação de 800 dólares.

"É o maior sucesso quando enviamos flores ou bombons ao local de trabalho ou às casas dos cônjuges dos nossos colaboradores em seus aniversários de nascimento ou casamento", diz Michael L. Finn, presidente da Fortress Safe & Lock em Cincinnati, Ohio. A empresa também encaminha um cartão de aniversário com 20 dólares em ingressos de cinema a todos os filhos dos funcionários que tenham até 16 anos de idade. "Incluir as famílias tem sido muito importante para nosso pessoal", conclui Finn.

"Assim como o coração, o cérebro é atraído para onde ele encontra reconhecimento."

– Robert McNamara (Ex-secretário de Defesa dos Estados Unidos)

Em seu programa de premiação por tempo de serviço, a Arbitron, responsável por conferir o nível de audiência das rádios nos Estados Unidos, deu aos funcionários a chance de adquirir pela internet vários produtos e serviços – de móveis e alimentos a pacotes de viagens. Uma colaboradora disse que, depois de passar 20 anos em pé na sala de postagem da organização, ela merecia ganhar uma massagem nos pés – e foi o que recebeu.

"As festas de aniversário dos funcionários são mais comuns do que as reuniões de diretoria. No grande dia, nos reunimos e cantamos *Parabéns pra você*. Fazemos isso com todos aqui."

– Harvey Mackay (Presidente da Mackay Envelope Corp.)

Mel Powell, gerente do departamento de treinamento da Kellog Company em Battle Creek, Michigan, transformou a sala de conferências num escritório para um de seus treinadores seniores em reconhecimento aos seus 25 anos de serviço.

Na Hallmark Cards em Kansas City, Missouri, os colaboradores podem convidar os colegas para compartilhar o seu bolo de 25 anos de casa. Em cada comemoração, aparecem de 200 a 1.000 pessoas.

A Pitney Bowes, sediada em Stamford, Connecticut, dá aos funcionários com 25 anos de serviço um mês extra de férias. Depois, esse mesmo benefício é concedido a cada cinco anos.

A West Texas Utilities Company em Abilene, Texas, permite que os colaboradores comemorem aniversários ou ocasiões especiais levando bolos e doces para dividir com os colegas durante os intervalos. Com isso, eles têm a oportunidade de decidir se querem ou não celebrar a data e a empresa não gasta nada. A maioria das pessoas festeja.

Manny Fernandez, presidente da Gartner, Inc., firma de consultoria e pesquisa em tecnologia em Stamford, Connecticut, telefona para cada colaborador na data do seu aniversário. Fernandez diz: "Era muito mais fácil quando a empresa era menor. Hoje, às vezes faço 12 ligações por dia, mas é uma ótima maneira de me manter por dentro do que está acontecendo na organização. E os funcionários parecem gostar."

O presidente da Merle Norman Cosmetics, em Los Angeles, Califórnia, mantém registros dos aniversários de todos os colaboradores e faz questão de lhes dar os parabéns pessoalmente. Além disso, o chef da empresa prepara um bolo para cada aniversariante.

A matriz da Dairy Mart, em Laval, Québec, envia cartas e cartões pessoais no aniversário de nascimento e casamento de cada um dos funcionários em todas as suas lojas.

Na fábrica da Iteris, Inc. em Anaheim, Califórnia, as fotos dos aniversariantes são afixadas num enorme calendário pendurado na parede.

Um escritório da Capital One Services em Tampa, Flórida, celebra os aniversários dos funcionários pendurando bolos de isopor no alto das suas estações de trabalho durante todo o mês do aniversário.

- **Na data que marca a admissão do funcionário na empresa, dê a ele uma flor para cada ano de trabalho.**
- **Distribua prêmios durante jantares de agradecimento.**
- **Pergunte aos colaboradores como eles gostariam de ser homenageados ao completarem um longo tempo de serviço na companhia.**

A Compass Bancshares em Birmingham, Alabama, organiza um almoço fora da empresa para cada aniversariante, que tem o privilégio de escolher o restaurante. O gerente é quem paga a conta do homenageado. Todos os outros funcionários são convidados, mas cada um deles banca sua própria despesa.

A H. B. Fuller Company e a REI dão o dia de folga ao aniversariante. A Lowe's Companies – rede de lojas de produtos para reforma e construção e eletrodomésticos, sediada em Mooresville, Carolina do Norte – presenteia o colaborador com um almoço. Todos os funcionários da Mary Kay, Inc. recebem um cartão de aniversário acompanhado de um vale para ser usado num almoço para dois.

Quando os colaboradores da Robert W. Baird, empresa de serviços financeiros sediada em Milwaukee, Wisconsin, fazem 40 anos, eles ganham "pedras de aniversário" para deixar em suas mesas até que outra pessoa complete essa mesma idade. Há anos as pedras têm passado de mesa em mesa. Um gerente permite que os aniversariantes saiam duas horas mais cedo. Todo mês de janeiro, os funcionários recebem um agradecimento formal por suas contribuições e pelo seu comprometimento com a companhia. Esse dia começa com um café acompanhado de pães e bolos e um bate-papo descontraído com os supervisores seniores. Depois, os gerentes presenteiam os colaboradores com bônus e a firma fecha mais cedo.

- **Grave numa placa os nomes dos funcionários que completarem 10, 15, 20 anos ou mais de serviço. Reconheça as realizações individuais durante uma reunião a cada trimestre.**

A Boardroom, Inc., que publica grande parte dos principais jornais corporativos dos Estados Unidos em Stamford, Connecticut, comemorou um marco em grande estilo. O presidente da empresa, Martin Edelston, conta: "Para deixar a vida mais divertida, contratamos uma banda de jazz para celebrar o aniversário da companhia num novo espaço, o retorno de uma funcionária que estava em licença-maternidade e a volta de outra que estava em lua-de-mel."

Os cônjuges dos colaboradores do escritório da Black & Decker em Anaheim, Califórnia, recebem flores no aniversário do funcionário como forma de agradecimento pelo apoio. Esse presente também é dado aos maridos e às mulheres de quem viaja com muita freqüência.

Na Leo Burnett Worldwide, Inc., agência de propaganda em Chicago, Illinois, todos os funcionários são presenteados no dia do aniversário da empresa. Eles já ganharam geléias, um trem em miniatura, estátuas e garrafas de vinho personalizadas. Além disso, recebem um dólar para cada ano de vida da agência.

Para celebrar os 50 anos da Ryder System, empresa de locação de caminhões em Miami, Flórida, os colaboradores compartilharam um bolo no formato de caminhão coberto com glacê.

Em comemoração aos 70 anos de uma subsidiária inglesa, a Johnson fretou um Boeing 747 e levou todos os funcionários – 480 pessoas – aos Estados Unidos. Ao mesmo tempo, fechou sua fábrica em Racine, Wisconsin, por uma semana. Os convidados foram hospedados em hotéis, excursionaram pelas instalações da fábrica, fizeram compras e participaram de um jantar. Houve uma noite em que os colaboradores da companhia em Racine pegaram os colegas ingleses e os levaram para jantar em suas casas. Os visitantes passaram ainda dois dias conhecendo Nova York.

Para comemorar seu aniversário de 70 anos, a Alaska Airlines promoveu uma série de eventos, entre os quais:

- Concurso de perguntas e respostas: os funcionários que deram respostas certas sobre a história da empresa participaram de um sorteio.
- Almoço de aniversário: a companhia convidou 70 de seus colaboradores seniores para um almoço no Museu Aeronáutico em Langley, British Columbia, para que eles conversassem sobre os "bons e velhos tempos". Entre os palestrantes, antigos e novos dirigentes da Alaska Airlines.
- Concurso de poesias e canções: os funcionários foram incentivados a criar uma canção ou uma poesia que melhor

representasse a história da organização. O vencedor recebeu um pacote de viagem para o Alasca.

Quando a Beneficial Management Corporation of America, com sede em Peapack, Nova Jersey, comemorou 75 anos de existência, a empresa quis alcançar um aumento considerável nas vendas. Como apoio a esse objetivo, a administração decidiu estimular três níveis de funcionários – colaboradores e gerentes de filiais e supervisores regionais – com um incentivo de produtos. As pessoas que atingissem as metas podiam escolher um item de primeira qualidade num catálogo bastante atrativo. A empresa prometeu ainda fazer um sorteio de prêmios para todos os participantes. Noventa e oito por cento dos profissionais que esse programa tinha a intenção de atingir se inscreveram na campanha pela continuidade da comemoração, e as vendas da seguradora aumentaram 31% em um ano.

"A administração corporativa precisa entender que os funcionários devem participar como sócios... E isso vai muito além da contratação e da oportunidade de trabalho – é necessário aprimorar a qualidade e a motivação dos profissionais."

– Stephen Roach (Economista do Morgan Stanley)

Beneficência & serviços comunitários

Os funcionários gostam das empresas que valorizam seu envolvimento em atividades de apoio a entidades beneficentes e programas de serviços comunitários. Esse comportamento se reflete positivamente tanto no indivíduo quanto na organização.

Quando um colaborador da Paychex enfrenta um grande problema pessoal (doença grave, morte do cônjuge ou de um filho), os colegas sempre coletam contribuições, numa ação que pode envolver até muitas unidades da empresa. A companhia também colabora, às vezes doando uma quantia de valor idêntico à que foi cedida pelos funcionários.

> **"Pobre é a empresa que só produz dinheiro."**
>
> – Henry Ford (Fundador da Ford Motor Company)

Jeff Sack, gerente do departamento de suporte técnico da Eastern Connection, companhia de transporte de mercadorias sediada em Woburn, Massachusetts, adotou um programa para premiar contribuições excepcionais dos funcionários. Sempre que um colaborador é reconhecido, seja por cartas de clientes, seja por comunicados internos, a empresa compra um livro em seu nome e o doa a uma escola ou biblioteca.

A VeriFone, firma que produz sistemas de transação para cartões de crédito, sediada em Santa Clara, Califórnia, tem uma ótima forma de ajudar os funcionários que estão atravessando momentos difíceis. Trata-se do programa "Presente Veri", pelo qual os colaboradores podem doar parte de suas férias para um "banco de férias". O tempo é cedido àqueles que estejam passando por dificuldades pessoais e que já tenham usado integralmente os dias livres a que tinham direito.

A agência de marketing Valassis deu início a um programa de correspondência para estimular as relações entre seus funcionários na Europa, no Canadá, no México e nos Estados Unidos por meio de seus filhos. As crianças inscrevem-se no programa, dão início à comemoração anual da empresa, chamada "Traga Seus Filhos para o Trabalho", e têm a opção de se comunicar por e-mail ou carta.

A Robert W. Baird, empresa de serviços financeiros sediada em Milwaukee, Wisconsin, introduziu um programa que permite aos funcionários tirar um dia remunerado por ano para se dedicar ao serviço voluntário. Além disso, muitos de seus departamentos e filiais organizam distribuições de alimentos e promovem caminhadas para levantar fundos para instituições de caridade locais.

"Quando os executivos de uma empresa se envolvem em trabalhos beneficentes, passa-se a mensagem de que os líderes participam de sua comunidade, que a vida é mais do que a obtenção de lucros e que eles se importam com a qualidade de vida dos funcionários."

— DRA. ANN MCGEE COOPER (Consultora)

A West Texas Utilities Company em Abilene, Texas, incentiva seus 13 mil funcionários a participar de atividades beneficentes e dá folga no trabalho para que eles ajudem como voluntários numa entidade de sua própria escolha.

Na Pfeiffer & Company, na época localizada em San Diego, Califórnia, os colaboradores formaram um coral natalino e visitaram um hospital infantil, acompanhados de um gerente pianista. A empresa os liberou durante a metade de um dia para essa e outras ações de caridade durante a época do Natal.

A Ford Motor Company em Dearborn, Michigan, incentiva os funcionários a participar de várias atividades que são realizadas durante o "Mês de Conscientização do Câncer de Mama", como as corridas e caminhadas pela cura. Os colaboradores inscrevem seus próprios patrocinadores, que doam cheques diretamente para as instituições beneficentes envolvidas.

Na Lee Jeans em Merriam, Kansas, os funcionários podem "comprar" o direito de usar jeans no trabalho por 5 dólares. Todo o dinheiro coletado é doado à Fundação Komen, dedicada ao estudo, prevenção e tratamento do câncer de mama.

Ilana Farwell, diretora do Comfort Inn em Ithaca, Nova York, quis incentivar os funcionários a usar um novo programa de reciclagem para reduzir a quantidade de lixo produzido pelo hotel. No início, as pessoas encararam o sistema apenas como mais um trabalho. Assim, os gerentes as levaram a um centro de reciclagem para que elas pudessem aprender sobre a importância do processo e conhecer outras idéias para reduzir o volume de dejetos. Como incentivo extra, todo o dinheiro coletado no centro de troca de garrafas e latas é usado para comprar água mineral e refrigerantes para a equipe. Em um ano, o hotel fez uma economia considerável com o programa, e os colaboradores ficaram entusiasmados com os resultados.

A Timberland em Ontário, Califórnia, orgulha-se de manter um programa que permite a funcionários com três anos de serviço trabalhar por seis meses como voluntários numa organização sem fins lucrativos e continuar recebendo seus salários. Alguns colaboradores já viajaram para o exterior, e um deles trabalhou num orfanato no Peru.

- **Dê um tempo extra aos colaboradores para que eles doem sangue.**
- **Faça uma doação em nome de um funcionário a uma instituição de caridade da escolha dele.**
- **Autorize os integrantes de um departamento a passar um dia ajudando num orfanato ou num asilo para idosos.**

ESTUDO DE CASO SOBRE PROGRAMAS DE RECONHECIMENTO DE TRABALHO BENEFICENTE

O Meridian Health, o principal sistema de hospitais de Nova Jersey, utiliza o programa "Para os Momentos Desafiadores", um fundo de emergência mantido pelos funcionários para ajudar os colegas em situações adversas, como após um incêndio ou durante uma execução hipotecária.

Quando uma colaboradora da empresa precisou de recursos financeiros para custear o enterro do pai, ela recorreu ao fundo e conseguiu ajuda. Na ocasião em que a casa de outra funcionária pegou fogo, ela recebeu dinheiro do seguro para comprar um apartamento. Houve também o caso de um trabalhador endividado que pôde contar com esse auxílio para colocar em dia a conta de gás e evitar o corte no fornecimento desse serviço à sua residência.

Mesmo antes da criação do programa, os funcionários do Meridian Health já levantavam fundos especificamente para ajudar colegas que estavam vivendo momentos de dificuldade. No entanto, embora as pessoas contribuíssem de forma generosa para auxiliar os conhecidos, elas não doavam com tanta freqüência para aqueles com quem não tinham familiaridade, como os colaboradores do turno da noite. John Sindoni, vice-presidente sênior de recursos humanos, conta: "Percebemos que precisávamos fazer mais para garantir a igualdade na distribuição do dinheiro e estender esse apoio a mais pessoas de modo imparcial."

Para resolver o problema, o Meridian Health, que se compõe de um grupo de organizações de saúde sem fins lucrativos, criou o programa "Para os Momentos Desafiadores" em 2001. Essa iniciativa permite que os 7.500 funcionários contribuam para um fundo comum por meio das Fundações Afiliadas Meridian. Com uma única contribuição ou dedução em folha por ano, eles podem fazer uma doação para uma série de projetos, como o "Fundo de Conforto do Paciente", que dá apoio financeiro a pessoas carentes. Um comitê de colaboradores em cada unidade do Meridian Health decide como os recursos do programa serão aplicados.

Lorraine McLaughlin, representante de recursos humanos, afirma: "Sempre ouvimos os funcionários dizer que admiram as pequenas coisas que fazemos para eles – sobretudo quando mais precisam delas. O fundo 'Para os Momentos Desafiadores' é um bom exemplo disso, e o fato de ser gerenciado e mantido pelos próprios colaboradores o torna ainda mais especial para eles."

Para ter direito a esses recursos, os funcionários já devem ter passado pelos 90 dias de experiência e não podem ser os "responsáveis diretos pelas crises" que estejam enfrentando. O programa custeia necessidades diárias, como transporte, alimentação e roupas. Mesmo quem não contribui para o fundo tem direito a até 1.000 dólares em assistência. Desde 2001, 537 pessoas colaboraram com um total de 108.267 dólares. Em 2004, 20 mil dólares foram destinados a colaboradores necessitados.

Como parte do programa "Prêmios Totais do Meridian Health", que engloba itens como pagamento, benefícios, ambiente de trabalho, cultura, aprendizagem, desenvolvimento e equilíbrio entre trabalho e vida, esse fundo ajuda a manter entre 3 e 4% a taxa de ausência de mães que estão amamentando – um índice que chega a 8,4% em Nova Jersey e a 13% no resto do país. Além disso, o fundo está em perfeita sintonia com os "Cinco Pilares da Excelência" da organização – Pessoas, Qualidade, Atendimento, Crescimento e Finanças – que ajudam a fazer do Meridian Health a primeira opção de trabalho para os profissionais, a primeira opção de hospital para os pacientes e a primeira opção de instituição para a comunidade.

"Os funcionários não nos vêem apenas como empregadores, mas como uma família. Gostamos de cuidar deles e de oferecer um ambiente de trabalho acolhedor para todos. Isso torna nossa comunidade um pouco mais dedicada e cuidadosa", diz Sindoni.

> **"O líder estratégico de recursos humanos é aquele que diz ao presidente da empresa: 'Precisamos pensar em planos para os funcionários, e isso requer a criação de uma cultura que diga às pessoas que nossa organização é um bom lugar para se trabalhar.'"**
>
> – Richard Federico (Vice-presidente da Segal Company)

A Fundação Levis Strauss doa 500 dólares para organizações comunitárias que contem com a participação ativa de um de seus funcionários durante um ano. Se um colaborador fizer parte da diretoria de uma entidade beneficente, a empresa concede à instituição subsídios nos seguintes valores: 500 dólares, caso o orçamento da entidade seja de até 100 mil dólares; 1.000 dólares para orçamentos entre 100 mil e 1 milhão de dólares; e 1.500 dólares para orçamentos de mais de 1 milhão de dólares.

Na Atlantic Richfield Company (ARCO), sediada em Los Angeles, Califórnia, os prêmios anuais por serviços à comunidade são concedidos aos funcionários que prestam contribuições relevantes nessa área. Além disso, a empresa doa uma quantia duas vezes maior para cada contribuição feita por um colaborador ou aposentado a uma organização ou faculdade de serviço social.

Na McCormick & Company, Inc., fabricante de temperos e comidas congeladas com sede em Sparks, Maryland, os funcionários são incentivados a trabalhar um sábado por ano e doar o pagamento a uma instituição beneficente – é o chamado "Dia da Caridade". A empresa faz uma doação no mesmo valor da quantia cedida pelos colaboradores. Mais de 90% dos funcionários participam desse programa.

> **"Fazer uma doação a uma instituição de caridade escolhida pelo funcionário e no mesmo valor que a dele mostra que a empresa valoriza o que ele valoriza."**
>
> – Bob Nelson

O "Prêmio Thurston-Dupar" é dado por todos os hotéis da rede Westin aos funcionários que não apenas se destacam em seu trabalho como contribuem de forma relevante num serviço comunitário. Depois, um único nome é selecionado entre os ganhadores dessa homenagem como o grande vencedor em toda a companhia. Esse colaborador é presenteado com duas semanas de férias com tudo pago e direito a acompanhante num Hotel Westin e mais 1.000 dólares em dinheiro. Ele também recebe passagens de avião e cobertura de despesas para comparecer às cerimônias de apresentação na conferência anual da administração.

A Reader's Digest mantém uma horta comunitária para que os funcionários cultivem legumes. A companhia ara e fertiliza a terra por um custo simbólico. A Syntegra em Arden Hills, Minnesota, também possui canteiros onde os colaboradores podem plantar seus próprios vegetais.

A Cato Johnson, agência de promoções em Lombard, Illinois (agora Wunderman, sediada em Nova York), ofereceu o kit "Adote uma Árvore", que continha o necessário para o colaborador plantar uma árvore no quintal de casa: fertilizante, sementes, cascalhos e instruções.

Há um programa na Xerox que permite aos funcionários tirar licenças anuais para trabalhar em entidades beneficentes. O engenheiro William Lankford dedicou-se durante 10 meses à construção de casas populares nos bosques do sul de Maryland. "As pessoas sempre voltam dominando habilidades que elas nem sequer sabiam que possuíam", diz Joseph M. Cahalan, presidente da Fundação Xerox em Stamford, Connecticut, que gerencia o programa. A American Express e o Wells Fargo adotam iniciativas parecidas.

A Saskatchewan Telecommunications rifa produtos entre os funcionários e deposita o dinheiro arrecadado no fundo "Ajude Nosso Pessoal". Cerca de 10 colaboradores já usaram recursos do fundo, que levantou 23 mil dólares no primeiro ano.

> **"Se no seu coração não há caridade, você sofre do pior problema cardíaco que existe."**
>
> – Bob Hope (Comediante)

Ações & propriedade da empresa

Uma das espécies mais poderosas de reconhecimento é transformar os funcionários em proprietários da empresa. Isso representa um compromisso duradouro com o indivíduo e em geral é algo reservado a poucas pessoas bem selecionadas. Os colaboradores que possuem ações de uma organização comportam-se de modo muito diferente daqueles que não têm nenhuma participação acionária na companhia.

A pesquisa revela que 85% dos funcionários classificam os planos de opção de compra de ações como um incentivo positivo. Em média, as empresas que adotam a participação acionária e se engajam em programas de gestão participativa crescem de três a quatro vezes mais rápido do que as que não fazem isso. Por exemplo, depois que a Avis Rent A Car passou a compartilhar a propriedade com os colaboradores, o nível de queixas caiu em 35% e o valor de suas ações disparou 400% em dois anos.

Se fizermos com que os funcionários sintam que estão trabalhando para uma empresa da qual também são donos, eles terão mais orgulho, melhorarão o desempenho e darão mais de si mesmos. Para ilustrar a importância de dar ao colaborador esse sentimento de propriedade, reproduzo a seguir um diálogo entre Carl Buchan, falecido fundador da Lowe's Companies, e o gerente de uma das lojas da rede.

– O que é isso? – perguntou Buchan.

– São produtos danificados.

– Analise melhor e me diga o que você está vendo.

– Bem, isto aqui é uma bomba d'água quebrada, isto é uma geladeira amassada e estas são janelas com vidros trincados – respondeu o gerente.

– Não é o que eu estou vendo. O que estou vendo é dinheiro – meu dinheiro –, porque paguei por tudo isso. E, antes do fim do ano, teremos um plano que fará com que parte disto tudo pertença a você e a outros funcionários. Então, quando você vir as coisas assim, enxergará dinheiro também, tomará muito mais cuidado e, conseqüentemente, será mais cauteloso com nosso dinheiro.

No escritório da Bovis Lend Lease em Atlanta, Geórgia, várias premiações são financiadas pelos juros de um fundo de ações para funcionários criado em 1983. Entre os prêmios estão entradas de cinema, flores, aulas especiais (*skydiving*, culinária, etc.), honorários de advogados e contadores, remuneração por dias de folga destinados à realização de trabalhos voluntários da escolha dos colaboradores, cuidados emergenciais infantis ou geriátricos e permissão para levar familiares em viagens de negócios.

Aproximadamente 9.500 empresas americanas – cerca de 10% da força de trabalho – oferecem planos de participação acionária aos funcionários. Entre essas organizações estão Procter & Gamble, Polaroid, Time Warner, Federal Express, Hallmark Cards e J. C. Penney.

Todo ano, a Starbucks Coffee Co. oferece aos colaboradores a *bean stock*, ação equivalente a 14% dos seus salários. Eles são autorizados a manter a ação por um mínimo de cinco anos. Depois, podem ficar com a diferença entre o valor original e o valor atual da ação.

Na Apple Computer, sediada em Cupertino, Califórnia, os trabalhadores da linha de montagem podem optar por ter 200 ações da companhia (50 ao ano por quatro anos). Os gerentes intermediários recebem opções que variam de 5 mil a 20 mil ações.

"Trabalhamos sob uma administração, mas somos em parte proprietários. Dessa forma, as coisas não vêm de cima para baixo. Muitas delas seguem o fluxo contrário. Tento dar o melhor de mim. Quanto maior o lucro da empresa, mais cheio fica meu bolso."

– BILL HARRIS (Agente de compras da Lowe's Companies)

No Diners Club do Citibank, o funcionário que se destaca por excelente atendimento ao cliente pode ganhar até 400 dólares em ações.

O Plano Scanlon de participação nos lucros, adotado por várias empresas americanas, segue quatro princípios: (1) identidade: todos na organização precisam entender o negócio,

"Nossa filosofia é compartilhar o sucesso com aqueles que fazem acontecer. Assim, os colaboradores pensam como proprietários, o que os ajuda a estabelecer relações duradouras com os clientes e os influencia a fazer coisas de maneira eficiente."

– EMILY ERICSEN (Vice-presidente de recursos humanos da Starbucks Coffee Co.)

suas metas e a necessidade de lucro; (2) participação: todos na companhia devem ter a oportunidade de influenciar nas decisões; (3) competência: cada um deve melhorar continuamente suas habilidades; e (4) igualdade: os lucros têm que ser repartidos com os funcionários, investidores e clientes de maneira justa.

Na LifeUSA (agora parte da AllianzLife Insurance Company), firma de seguros localizada em Minneapolis, Minnesota, todos os funcionários são donos da companhia – eles recebem aproximadamente 10% de sua remuneração pelo plano de participação acionária. E são mais eficientes e eficazes do que os colaboradores das organizações concorrentes. O fundador da empresa, Robert W. MacDonald, afirma: "Fechamos mais negócios do que talvez 98% das outras companhias. E fazemos isso com menos pessoas, porque elas são as donas, estão envolvidas e tocam os negócios."

Na Lowe's Companies – rede de lojas de produtos para reforma e construção e eletrodomésticos sediada em Mooresville, Carolina do Norte –, os funcionários possuem 25% da empresa. Cada loja escolhe um representante para um comitê consultivo e realiza reuniões mensais para os colaboradores discutirem as mudanças nos procedimentos operacionais e de comercialização. Como resultado, a produtividade na organização fica

> **"Por que eu trabalho até as duas e meia da manhã e depois volto para tomar café às oito horas quase todos os dias? Porque sou dono de uma parte da empresa e me sinto profundamente comprometido em fazer isso continuar."**
>
> – Sócio da Goldman Sachs

entre 200 e 300% acima da média do setor, enquanto o número de furtos se mantém abaixo de 1/6 da média. Quando Carl Buchan, fundador da Lowe's Companies, faleceu, seu testamento especificou que os funcionários, por meio de um programa de compartilhamento de lucros e patrimônio, tinham a opção de comprar todas as suas ações.

A Southwest Airlines, sediada em Dallas, Texas, desenvolveu o primeiro programa de divisão de lucros no setor da aviação. O plano envolve os funcionários na propriedade da empresa pedindo-lhes que invistam pelo menos 1/4 de seus fundos de participação nos lucros nas ações da companhia. Eles recebem regularmente informações financeiras e de desempenho (como relatórios de lucros e perdas, de receita, etc.) para que monitorem a eficácia da operação. Como resultado, a Southwest já ganhou a "coroa tripla" do setor diversas vezes: a menor quantidade de queixas de clientes, o menor número de extravios de bagagem e o melhor desempenho em pontualidade. Na verdade, ela é a *única* empresa aérea a atingir essas marcas.

Na Springfield ReManufacturing Corporation (SRC), que recondiciona motores em Missouri, os funcionários são os donos da empresa. A SRC envolve o pessoal nas tomadas de decisão usando o que se chama de "O Grande Jogo dos Negócios" – um modelo de gestão de "livros abertos". Introduzido pelo presidente Jack Stack, esse programa proporciona treinamento aos colaboradores para que eles compreendam tudo sobre os dados financeiros da companhia. Eles são então convidados para uma partida do jogo: devem acompanhar semanalmente os balanços de rendimento e os relatórios de fluxo de caixa e comparar os resultados reais com os projetados. Assim, a cada três meses, recebem bônus baseados em metas financeiras selecionadas, como retornos em ativos. Stack diz: "Eles aprendem a fazer o dinheiro aparecer, a gerar lucros. Quanto mais as pessoas entendem, mais elas querem ver os resultados."

A Science Applications International Corporation em San Diego, Califórnia, foi fundada sobre o princípio da propriedade dos funcionários. J. Robert Beyster sabia que possuir até mesmo uma pequena parcela de uma empresa em crescimento exponencial pode ser o mais poderoso incentivo. Ele foi além do que faz a maioria dos empresários e liberou 98% da companhia para os colaboradores.

> **"Você desenvolve o sentimento de que é dono do negócio. Isso quer dizer que passará menos tempo se preocupando com aqueles dedos dos pés que estão precisando de cuidados e muito mais tempo pensando no que vai fazer para a empresa ir em frente."**
>
> – James A. Meehan (Gerente da General Electric)

CONHEÇA OUTROS TÍTULOS DA EDITORA SEXTANTE

Faça o que tem de ser feito
Bob Nelson

A mensagem desse livro é simples mas poderosa: fazer o que precisa ser feito, e não apenas o que lhe pedem, é a marca registrada da excelência profissional. Esta é a postura que devemos adotar para crescer e nos realizarmos profissionalmente.

Atender um cliente, solucionar um problema, ajudar um colega de trabalho, dar uma sugestão para economizar dinheiro, desenvolver uma idéia ou aprimorar um processo são ações esperadas de cada pessoa a partir do momento em que é contratada.

É isso que Bob Nelson chama de "A Expectativa Suprema": uma mensagem que todo mundo precisa ouvir, mas que poucas empresas declaram explicitamente.

Com exemplos claros e concretos, ele vai mostrar as diversas iniciativas que você pode tomar para ser reconhecido como alguém que "faz as coisas acontecerem". A recompensa chegará antes do que você imagina.

Como transformar sua equipe no seu maior patrimônio

Lorraine Grubbs-West

Com um estilo de liderança focado na administração de pessoas, a Southwest Airlines se mantém a mais bem-sucedida companhia aérea americana nas últimas décadas. Esse livro mostra como essa empresa, que valoriza a irreverência, o bom humor e o altruísmo, se tornou um fenômeno na arte de conquistar a devoção e a lealdade dos colaboradores.

A cultura da Southwest Airlines é apresentada pela perspectiva especial de uma ex-colaboradora, Lorraine Grubbs-West, que compartilha as nove "lições de lealdade" que aprendeu ao longo de 15 anos de trabalho para a empresa. Inspirada pelo mesmo sentimento de entusiasmo que caracteriza a organização, ela expõe os princípios de cada uma dessas lições.

Transformando suor em ouro

Bernardinho

Obstinado, persistente, perfeccionista e motivador, Bernardinho se tornou o maior técnico de vôlei da história do Brasil – e um dos grandes treinadores do esporte coletivo em todo o mundo. *Transformando suor em ouro* é a história de Bernardinho contada por ele mesmo, desde os tempos de jogador até a consagração como técnico com o ouro olímpico.

Mais do que relatar uma epopéia esportiva emocionante, o livro apresenta facetas desconhecidas do treinador ao mostrar em detalhes como Bernardinho burilou o método que batizou de Roda da Excelência.

Abrace seus clientes
Jack Mitchell

"Não basta satisfazer os clientes. Hoje é preciso transformá-los em verdadeiros fãs. Leia o que Jack Mitchell tem a dizer sobre o assunto e aprenda como conseguir isso."

Ken Blanchard, co-autor de *O gerente minuto*

Uma vez cliente, sempre amigo. Este é o princípio básico da teoria do abraço de Jack Mitchell. Nesse livro, ele mostra as vantagens de liderar uma empresa centrada nos clientes e como desenvolver a cultura do abraço, fazendo com que todos, do mensageiro ao presidente, se dediquem e se envolvam diretamente com eles.

Saí da Microsoft para mudar o mundo
John Wood

Ao fazer uma viagem buscando alívio para a exaustiva rotina de alto executivo da Microsoft, John Wood descobriu a paixão e o objetivo maior de sua vida: ajudar crianças carentes a aprender a ler e escrever.

Esse livro é ao mesmo tempo uma história de transformação pessoal e o relato de um empreendedor social que colocou sua experiência corporativa a serviço de uma causa nobre – mudar o mundo pela força da educação –, criando a Room to Read, uma ONG com a "eficiência da GE e a compaixão de Madre Teresa".

O motorista e o milionário

Joachim de Posada e Ellen Singer

Arthur é um motorista particular inteligente e interessado em aprender coisas novas. Ele trabalha para Jonathan, também muito inteligente e comprometido com tudo o que faz, só que milionário. Que fatores determinaram que Jonathan ocuparia o banco de trás da limusine e Arthur, a direção?

Nesse livro, as respostas a essas e outras perguntas sobre a linha tênue que separa o sucesso do fracasso profissional e financeiro surgem naturalmente ao longo das conversas de Arthur e Jonathan. Com sua sabedoria e experiência, o empresário consegue despertar a curiosidade de seu motorista e levá-lo a dar um novo rumo à sua vida.

O que aprendi com meu carteiro sobre o trabalho e a vida

Mark Sanborn

Esse livro conta a história de Fred, um carteiro que o consultor de liderança Mark Sanborn conheceu e por quem desenvolveu uma profunda admiração. Fred faz parte daquele grupo de pessoas que são mestras em transformar responsabilidades e tarefas comuns em algo de extremo valor e importância.

Você descobrirá o que faz com que profissionais como Fred sejam tão especiais e aprenderá a identificá-los e a se espelhar em seu comportamento. Saberá como construir relacionamentos que lhe permitam conhecer os outros o suficiente para ser criativo e tomar iniciativas que não custam muito dinheiro, mas que podem fazer uma grande diferença em todas as áreas da sua vida.

O monge e o executivo
James C. Hunter

John Daily é um executivo bem-sucedido que, de repente, percebe que vem fracassando como chefe, marido e pai. Em busca de um novo caminho para sua vida, ele decide participar por uma semana de um retiro num mosteiro beneditino.

Lá encontra Leonard Hoffman, um dos mais influentes e bem-sucedidos empresários americanos, que resolveu largar tudo para ir em busca da verdadeira essência da vida. Nesse livro extremamente envolvente, você vai aprender, junto com John Daily, princípios de liderança fundamentais para construir uma carreira de sucesso e uma vida em plena harmonia com as pessoas à sua volta.

Como se tornar um líder servidor
James C. Hunter

Liderar não é ser "chefe". Liderar é servir. Embora "servir" possa ter uma conotação de fraqueza para alguns, a liderança de serviço é, na verdade, uma idéia vigorosa e revolucionária, que pode ter um impacto significativo no desempenho de uma organização.

James Hunter propõe esse método de liderança que transforma chefes e gerentes em treinadores e mentores. Os líderes servidores sabem que prover as pessoas e empenhar corações e mentes promove uma força de trabalho que compreende os benefícios de se esforçar pelo bem maior.

Como motivar sua equipe
Anne Bruce

Pense nos executivos que mais influenciaram sua carreira. Eles foram bem-sucedidos porque perceberam que sua própria carreira e o sucesso da empresa a longo prazo dependiam da eficiência da equipe. Por isso, investiram num ambiente de trabalho divertido e estimulante e no talento e na fibra de cada colaborador. Esses líderes excepcionais acreditaram no poder e na influência das pessoas – e foram recompensados.

Esse livro apresenta exemplos inspiradores de empresas como Disney, Levi's e Dell Computer e suas estratégias orientadas para resultados. A idéia é estimular você a colocar em prática os ensinamentos dessas corporações para extrair as melhores qualidades e habilidades das pessoas. Está provado que essas duas estratégias agregam valor tanto para a empresa quanto para a carreira dos executivos que lideraram o processo.

Os princípios de liderança de Jack Welch
Jeffrey A. Krames

Considerado um dos líderes empresariais mais bem-sucedidos do século XX, Jack Welch comandou durante duas décadas a General Electric, onde reescreveu as regras de liderança ao propor que os colaboradores, em vez dos burocratas, dissessem o que precisava ser feito. Sob o comando de Welch, a GE mostrou que é possível se reinventar e ainda assim permanecer na liderança do ranking das mais valiosas corporações do mundo.

Welch revela os valiosos conceitos que desenvolveu para executar a maior mudança corporativa da história. Cheio de sugestões e idéias práticas, esse livro ensina como uma liderança inovadora e despretensiosa pode incentivar as pessoas a contribuir muito além do normal, encontrar satisfação na carreira e criar um ambiente de trabalho que seja transformador e estimulante.

Networking: desenvolva sua carreira criando bons relacionamentos

Diane Darling

Executivos e líderes empresariais bem-sucedidos sempre apontam a habilidade de fazer networking como uma das mais poderosas ferramentas para o sucesso profissional. O desafio é tornar-se um mestre na arte de cultivar relacionamentos que tragam benefícios para todos os envolvidos.

Esse livro se baseia na idéia de que todo mundo pode aprender a fazer networking de maneira eficaz. E traz 24 dicas para desenvolver um programa de ações envolvendo as pessoas que você conhece e as que virá a conhecer – além de um planejamento estratégico para você conseguir o que deseja, enquanto ajuda os outros a também realizarem seus desejos.

Como se tornar mais organizado e produtivo

Ken Zeigler

Quem não quer ser mais eficiente – fazer mais com o mesmo tempo e os mesmos recursos disponíveis? Todo mundo, é claro. Nada melhor do que um livro que vai direto ao assunto para descobrir as melhores estratégias para alcançar o sucesso que você deseja.

Como se tornar mais organizado e produtivo apresenta uma série de ferramentas, idéias e dicas para você planejar seu cotidiano de maneira inteligente. Ensina também a desenvolver um planejamento diário e semanal que irá reduzir a pressão dos prazos e ajudá-lo a manter uma rotina produtiva.

Conheça os 50 Clássicos da Sextante

Espiritualidade/Inspiração

Muitas vidas, muitos mestres, de Brian Weiss
Muitas vidas, uma só alma, de Brian Weiss
Jesus, o maior psicólogo que já existiu, de Mark W. Baker
Conversando com os espíritos, de James Van Praagh
A última grande lição, de Mitch Albom
Uma ética para o novo milênio, de Sua Santidade, o Dalai-Lama
A arte da meditação, de Daniel Goleman
O Mestre dos Mestres (Coleção Análise da Inteligência de Cristo), de Augusto Cury
Espiritualidade, um caminho de transformação, de Leonardo Boff
Autobiografia de um iogue, de Paramahansa Yogananda
O Poder do Agora, de Eckhart Tolle

Negócios

O monge e o executivo, de James C. Hunter
Como se tornar um líder servidor, de James C. Hunter
Jesus, o maior líder que já existiu, de Laurie Beth Jones
Faça o que tem de ser feito, de Bob Nelson
Seu balde está cheio?, de Tom Raph e Donald O. Clifton
A hora da verdade, de Jan Carlzon
A Boa Sorte, de Álex Rovira Celma e Fernando Trías de Bes
Você é mais capaz do que pensa, de John G. Miller
Seis fundamentos do sucesso profissional, de Stuart R. Levine

Ficção

O código Da Vinci, de Dan Brown
Ponto de Impacto, de Dan Brown
Anjos e Demônios, de Dan Brown
Fortaleza Digital, de Dan Brown
As cinco pessoas que você encontra no céu, de Mitch Albom

Livros de bolso

Dez leis para ser feliz, de Augusto Cury
Seja líder de si mesmo, de Augusto Cury
Você é insubstituível, de Augusto Cury
Palavras de sabedoria, de Sua Santidade, o Dalai-Lama
A vida é bela, de Dominique Glocheux
Filtro solar, de Mary Schmich
Posso conseguir o que desejo, de Iyanla Vanzant
Quem acredita sempre alcança, de Peter McWilliams

Auto-ajuda

O método fácil de parar de fumar, de Allen Carr
Por que os homens fazem sexo, de Allan e Barbara Pease
Desvendando os segredos da linguagem corporal, de Allan e Barbara Pease
Por que os homens mentem e as mulheres choram, de Allan e Barbara Pease
O poder que vem do seu nome, de Aparecida Liberato e Beto Junqueyra
Nunca desista de seus sonhos, de Augusto Cury
Pais brilhantes, professores fascinantes, de Augusto Cury
100 segredos dos bons relacionamentos, de David Niven
Não leve a vida tão a sério, de Hugh Prather
Mantenha o seu cérebro vivo, de Laurence Katz e Manning Rubin
100 segredos das pessoas felizes, de David Niven
Enquanto o amor não vem, de Iyanla Vanzant
A Dieta do Abdômen, de David Zinczenko e Ted Spiker
A Dieta de South Beach, de Arthur Agatston
O poder da paciência, de M. J. Ryan

Referência

1.000 lugares para conhecer, de Patricia Schultz
O ócio criativo, de Domenico De Masi

Informações sobre os próximos lançamentos

Para receber informações sobre os lançamentos da EDITORA SEXTANTE, basta cadastrar-se diretamente no site www.sextante.com.br

Para saber mais sobre nossos títulos e autores, e enviar seus comentários sobre este livro, visite o nosso site www.sextante.com.br ou mande um e-mail para atendimento@esextante.com.br

EDITORA SEXTANTE
Rua Voluntários da Pátria, 45 / 1.404 – Botafogo
Rio de Janeiro – RJ – 22270-000 – Brasil
Telefone (21) 2286-9944 – Fax (21) 2286-9244
E-mail: atendimento@esextante.com.br